Step by Step series12

이탈리아어 여행회화

이탈리아어 여행회화

Italia

한국외국어대학교 한성철 지음

SAMJI BOOKS

기본회화

일반인과의 대화

길안내

호텔에서

교통

식사

관광 · 레저

쇼핑

우편 · 전화

사고 · 문제가 생겼을 때

이 책으로 의사소통을

이탈리아만큼 여행자들에게 매력적인 나라가 또 어디있을까? 과거와 현재 그리고 영원이 함께 숨을 쉬는 곳, 이탈리아! 많은 오해와 환상을 동시에 주는 곳. 최고의 문화와 적당한 무질서가 함께 공존하는 곳. 세계 패션의 중심지. 가장 많은 디자인 로열티를 생산해내는 곳. 유럽 여행의 마지막 종착지… 등등 수많은 수식어를 동원해도 모자라는 곳이 바로 이탈리아이다. 이제 이탈리아는 우리에게 정치적, 경제적, 문화적으로 가까이 다가와 있다. 유럽 문화를 알기위해, 경제적인 목적으로, 앞선 예술기법이나 선진 기술문명을 배우기 위해 10여년전 일본인들이 그랬던 것처럼 많은 한국인들이 이탈리아를 방문하고 있음에도 아직도 여행의 시행착오를 겪는 이유는 무엇일까? 이는 언어와 문화에 대한 이해의 부족에서 기인하고 있는 것이다.

이런 점에 착안하여 여행자들이 보다 쉽게 현지에서 현지인과 대화할 수 있도록 본 교재를 꾸며 보았다. 여기에 수록된 회화나 정보, 어휘들은 현재 이탈리아의 상황을 그대로 반영하고 있는 현장감있는 내용들로 이루어져 있어서 이탈리아를 단기 방문하는 여행자들에게 있어서 언어의 좋은 안내자가 될 것이다. 변변치 않은 이 책이 독자들로 하여금 이탈리아에 보다 가깝게 다가가는 계기가 되었으면 하는 바램을 하여 본다.

저자

이 책의 특징과 사용법

- 이 책은 누구든지 이탈리아어를 말할 수 있도록 이탈리아 여행에서 자주 사용되는 간결하고 간단한 문장들을 모아 기본적인 의사소통의 편의를 도모하고자 노력하였습니다.

- 발음은 우리말로 표기하여 누구나 쉽게 발음할 수 있도록 배려했습니다.

- 이 책은 상황별로 사용되는 빈도가 많은 문장들을 모았으나 보다 다양한 의사표시를 가능하도록 하기 위해 각 상황마다 추가 단어들을 소개하였습니다.

- 각 문장의 단어에 가능한한 이탈리아어 음에 가깝도록 우리말로 표현되어 있으므로 그대로 익혀도 무방합니다. 그러나 처음부터 정확한 발음을 익히는 것이 매우 중요합니다. 따라서 이 책의 원어민 녹음 데이타를 이용하여 현지인의 발음을 잘 듣고 따라서 익히는 습관을 기르도록 하십시오.

차 례 (CONTENTS)

기본회화

- 주의사항 한마디
- 인사말
- 감사 및 사과
- 초면인사

주의사항 한마디

이탈리아를 여행하는 데 있어 어려운 말은 필요없다. 언제 어디서나 전능한 힘을 발휘하는 말 <Ciao 챠오>와 웃는 얼굴이 있으면 즐거운 여행이 될 것이다. Ciao(챠오), Buon giorno(부온 죠르노), Buona sera(부오나 세라)는 사람들과 헤어질 때도 쓴다. 예를 들어 상점에서 물건을 사고 나올 때 가게 주인과 이 말을 사용하면 〈좋은 하루를!〉이라는 의미가 된다. 아니면 보다 구체적인 표현인 <Buona giornata! 부오나 죠르나따>를 쓰면 더욱 금상첨화이다.

이탈리아 사람들은 격식을 싫어하면서도 존칭어나 존칭 표현을 듣기를 좋아한다. 예를 들어 식당에서 영어식 표현인 <Hey boy!>는 아주 실례가 되는 표현이다. <Scusi Signore! 스쿠지 시뇨레>라는 표현이 훨씬 격식이 있고 품위가 있다. 뭐든 부탁을 할때에는 말 끝에 <Per favore 뻬르 파보레> 혹은 <Per cortesia 뻬르 꼬르떼시아>를 첨부하는 것이 예의에 거스르지 않는다.

그리고 Sì(씨)와 No(노)를 분명히 해야한다. 그들에게 있어서 긍정과 부정의 분명한 표현은 절대로 실례가 아니다. 오히려 모호한 대답이 큰 실례가 된다. 긍정하거나 받아들일 때는 Sì, grazie!(씨, 그라찌에), 부정하거나 거절할 때는 No, grazie!(노, 그라찌에)라고 분명하게 말하는 것이 옳다.

인사말

허물없는 사이의 인사말은 만날때나 헤어질때 공히 "Ciao"를 많이 사용한다.

안녕하세요?

Come sta?

꼬메 스타

좋습니다. 당신은?

Sto bene, grazie. E Lei?

스토 베네 그라찌에 에 레이

아주 좋습니다.

Sto benissimo!

스토 베닛시모

안녕하세요. 뵙게되어 반갑습니다.

Buon giorno! Molto lieto di vederLa!

부온 죠르노 몰또 리에또 디 베데를라

저도 그렇습니다.

Anch'io sono molto lieto!

앙끼오 쏘노 몰또 리에또

안녕	ciao	챠오
어떠세요?	come va?	꼬메 바?
정말(로요)?	davvero?	다베로?
아마도	forse	포르세
결코 아니다	mai	마이

안녕하세요. (오전 인사)

Buon giorno!

부온 죠르노

안녕하세요 (오후 인사)

Buona sera!

부오나 세라

안녕히 주무세요 (취침 인사)

Buona notte!

부오나 놋테

안녕히 가십시오 (또 봅시다)

Arrivederci!

아리베데르치

내일 봅시다. 곧 봅시다.

A domani! Arrivederci a presto!

아 도마니 아리베데르치 아 쁘레스토

아침	la mattina	라 맛티나
오후	il pomeriggio	일 뽀메릿지오
저녁	la sera	라 세라
밤	la notte	라 놋테
낮	il giorno	일 죠르노

안녕

Buon giorno!

부온 죠르노

오래간만이야.

È' tanto tempo che non ci vediamo.

에 딴또 뗌뽀 께 논 치 베디아모

뭐 좋은일 없어?

Che fai di bello?

께 파이 디 벨로

똑같은 일 뿐이야, 너는 어때?

Le solite cose, e tu?

레 솔리떼 코세 에 뚜

특별한게 없어

Niente di speciale!

니엔떼 디 스페치알레

누가/언제	quando/chi	꽌도/끼
어디서	dove	도베
무엇을	che	께
어떻게	come	꼬메
왜	perché	뻬르케

어디 가니?

Dove vai?

도베 바이

시내에 가.

In centro.

인 첸뜨로

축하합니다.

Tanti auguri!

딴띠 아우구리

생일을 축하합니다.

Auguri per il Suo compleanno!

아우구리 뻬르 일 수오 꼼쁠레안노

당신 부모님께 안부 전하십시오.

Tanti saluti ai suoi genitori!

딴띠 살루띠 아이 수오이 제니또리

놀이, 소일거리	il divertimento	일 디베르티멘토
친절한(불친절한)	gentile(scortese)	젠틸레(스코르테제)
화요일/수요일	martedì / mercoledì	마르테디/메르콜레디
목요일/금요일	giovedì / venerdì	죠베디/베네르디
토요일/일요일	sabato / domenica	사바토/도메니카

날씨가 좋군요.

Che bella giornata!

께 벨라 죠르나따

즐겁게 지내세요.

Buon divertimento!

부온 디베르티멘토

오늘 무슨 요일입니까?

Che giorno è oggi?

께 죠르노 에 옷지

오늘은 월요일 입니다.

Oggi è lunedì.

옷지 에 루네디

친절하시군요.

Lei è molto gentile!

레이 에 몰또 젠틸레

감사 및 사과

가장 많이 쓰이는 표현은 mi dispiace(미 디스삐아체) 이다. 그러나 이 말은 자기 잘못을 인정하는 것으로 법적 책임을 져야하는 경우가 생기므로 함부로 쓰지 않도록 한다.

감사합니다.

Grazie mille!

그라찌에 밀레

천만에요.

Prego!

쁘레고

무슨 문제 있어요?

C'è un problema?

체 운 쁘로블레마

아니요. 별일 아닙니다.

No. Non importa!

노 논 임뽀르타

도와 주셔서 감사합니다.

La ringrazio del Suo aiuto!

라 링그라찌오 델 수오 아이우또

문제	il problema	일 쁘로블레마
도움	l'aiuto	라이우또
시계	l'orologio	로롤로죠
앞선	anticipo	안띠치뽀
뒤진	indietro	인디에뜨로

미안합니다. 제가 늦었습니다.

Mi dispiace! Sono in ritardo.

미 디스삐아체 소노 인 리따르도

괜찮습니다. 저도 방금 도착했습니다.

Non importa! Anch'io sono appena arrivato.

논 임뽀르따 앙끼오 소노 압뻬나 아리바또

제 시계가 빠르군요.

Il mio orologio è in anticipo.

일 미오 오롤로죠 에 인 안띠치뽀

그래요? 제 시계는 늦군요.

Ah sì? Il mio orologio è indietro.

아 씨 일 미오 오롤로죠 에 인디에뜨로

함께 식사하러 나갑시다.

Andiamo a mangiare!

안디아모 아 만지아레

초면 인사

이탈리아에서는 친구 사이인 경우 서로 양쪽 뺨에 가볍게 입을 맞추기도 한다. 그러나 처음 만났을 경우 정중하게 악수를 청한다. 악수할 때는 반드시 상대방의 눈을 쳐다보는 것이 좋다.

제 소개를 하겠습니다.

Permetta che mi presenti.

뻬르멧따 께 미 쁘레젠띠

제 이름은 김민호입니다.

Mi chiamo Kim Min Ho.

미 끼아모 김 민 호

뵙게되어 반갑습니다. 제 이름은 헤르만입니다.

Piacere di vederLa! Il mio nome è Herman.

삐아체레 디 베데를라 일 미오 노메 에 헤르만

알게되어 반갑습니다.

Piacere di conoscerLa!

삐아체레 디 코노쉐를라

알게되어 기쁩니다.

Lietissimo di conoscerLa!

리에띳시모 디 코노쉐를라

나는 ~라 불리운다	mi chiamo~	미 끼아모
이름	il nome	일 노메
국적	la nazionalità	라 나찌오날리타
만나다, 보다	vedere	베데레
독일/독일인	Germania / tedesco	제르마니아/떼데스코

당신에게 김선생님을 소개합니다.

Le presento il signor Kim.

레 쁘레젠토 일 시뇨르 김.

반갑습니다. 만나뵙게 되어 기쁩니다.

Piacere! Sono molto lieto di vederLa!

삐아체레 쏘노 몰또 리에또 디 베데를라

국적이 어디십니까?

Di che nazionalità è Lei?

디 께 나찌오날리따 에 레이

독일인입니다. 당신은?

Sono tedesco. E Lei?

쏘노 떼데스코 에 레이

저는 한국인입니다.

Sono coreano.

쏘노 꼬레아노

일반인과의 대화

- 주의사항 한마디
- 날씨에 관한 대화
- 방문
- 일상 관용 어구
- 귀국 준비
- 여행 후기

주의사항 한마디

이탈리아의 지식인들은 적어도 영어나 프랑스에는 능숙하다. 그들은 이탈리아의 문학이나 영화, 건축 등 문화 전반에 대한 대화를 선호한다. 그들은 스스로 문화민족임에 대단한 자긍심을 가지고 있으므로 그들의 문화에 대한 깊은 관심과 애정은 사귐에 필수적인 요소이다.

이탈리아인들은 지역별로 문화와 정신, 삶의 방식이 다르다. 예컨데 북부인들은 우리가 알고있는 독일인과 유사하다. 시간관념이 철저하고 개인주의적이며 계산에 치밀하다. 섣부른 만남을 원치않는다. 집으로의 초대에도 인색하다. 그러나 신용을 중요시 여기며 타인으로부터 자신의 사생활이 침해당하는 것을 원치 않는다. 그들과 대화시 되도록이면 사적인 질문은 피하는 것이 좋다. 아니면 사적인 질문을 해도 좋은지 양해를 구하고서 하는 것이 예의이다.

반면 남부인들은 흔히 우리가 알고있는 이탈리아인의 특성 그대로이다. 다정다감하고 가족적이며 보수적이고 서류에 의한 계약 보다는 인간관계를 더 중요시 여긴다. 따라서 남부인들과의 거래는 우선 인간적인 관계를 먼저 고려해야 한다. 그들은 서로 개인적이고 사적인 일을 털어놓고 깊게 인간적으로 사귀는 것을 좋아한다. 그러나 시간관념이나 신용면에서는 다소 문제점이 있다.

북부인이건 남부인이건 지역감정에 대해서 예민하게 반응하므로 대화시 주의할 것이며 그들의 문화에 대한 관심이나 찬미는 사귐에 큰 도움이 됨을 잊지말아야 한다.

날씨에 관한 대화

이탈리아는 지중해성 기후와 대륙성 기후를 동시에 가지고 있는 반도국가이다. 여름은 건기여서 소나기외에 좀처럼 비가 내리지 않는다. 반면 겨울은 우기로서 늘 잿빛 하늘과 안개, 가랑비가 여행자들을 우울하고 고독하게 만든다.

날씨가 어때요?

Che tempo fa?

께 뗌보 파

지금은 좋습니다.

Ora fa bel tempo.

오라 파 벨 뗌뽀

그러나 요즘 날씨는 예측할 수 없습니다.

Ma in questi giorni il tempo pare incerto.

마 인 퀘스띠 죠르니 일 뗌뽀 빠레 인체르또

그런것 같군요.

Credo di sì!

크레도 디 씨

날씨가 변덕스럽습니다.

Il tempo è molto variabile.

일 뗌뽀 에 몰또 바리아빌레

구름	la nuvola	라 누볼라
태양	il sole	일 솔레
비	la pioggia	라 삐옷지아
바람	il vento	일 벤또
변덕스러운	variabile	바리아빌레

아마도 오후에 비가 올것 같습니다.

Probabilmente pioverà nel pomeriggio.

쁘로바빌멘떼 삐오베라 넬 뽀메릿지오.

지금 비가 온다.

Adesso piove!

아뎃소 삐오베

비가 막 오려고 한다.

Sta per piovere!

스따 뻬르 삐오베레

오늘은 날씨가 나쁘다.

Oggi fa brutto tempo.

옷지 파 브루토 뗌뽀

오늘은 구름이 끼었다.

Oggi il tempo è nuvoloso.

옷지 일 뗌뽀 에 누볼로소.

일기예보	la previsione del tempo	라 쁘레비지오네 델 뗌뽀
막 ~하려하다	sta per~	스따 뻬르
추운(더운)	freddo(caldo)	프렛도(깔도)
오늘(어제)	oggi(ieri)	옷지(이에리)
오늘아침	stamattina	스따맛띠나

비가 그쳤다.

Ha smesso di piovere.

아 즈메쏘 디 피오베레

바람이 분다.

Tira vento.

띠라 벤또

오늘은 날씨가 춥다.

Oggi fa freddo.

옷지 파 프렛도

오늘은 날씨가 덥다.

Oggi fa caldo.

옷지 파 깔도

날씨가 개이고 있다.

Il tempo si rimette.

일 뗌뽀 씨 리멧떼

방문

이탈리아인들은 다른 유럽인들과 마찬가지로 예약 문화에 익숙해 있다. 방문전에는 반드시 전화로 시간 약속을 해야한다. 간혹 마음이 뜨거운 이탈리아인들은 인사치레로 방문을 청하기도 한다. 이러한 경우 대부분 말 그대로 인사치레로 청한 경우가 많으므로 방문을 원하는 경우 전화로 만날 약속을 정확히 해야한다.

롯시씨가 댁에 계신가요?

È in casa il signor Rossi?

에 인 카사 일 시뇨르 롯시

예 계십니다.

Sì, è in casa.

씨 에 인 카사

롯시씨를 뵐수 있을까요?

Potrei vedere il signor Rossi?

뽀드레이 베데레 일 시뇨르 롯시

누구시라고 전할 까요?

Chi devo annunciare?

끼 데보 안눈치아레

제 이름은 김인철이라고 합니다.

Il mio nome è Kim In Chul.

일 미오 노메 에 김 인 철

알리다	annunciare	안눈찌아레
집에	in casa	인 까사
명함	il biglietto da visita	일 빌리엣또 다 비지따
주다	dare	다레
여기있다	eccolo	엑꼴로(영어의 Here it is)

누구십니까?

Chi è Lei?

끼 에 레이

저는 김인철입니다.

Mi chiamo Kim In chul.

미 끼아모 김 인 철

명함을 주시겠습니까?

Potrebbe darmi il biglietto da visita?

뽀뜨렙베 다르미 일 빌리엣또 다 비지따

여기 있습니다.

Eccolo!

엑꼴로

어서 들어 오십시오.

Prego, entri!

쁘레고 엔뜨리

바쁜	occupato	옥꾸빠또
접견하다	ricevere	리체베레
자유로운	libero	리베로
기다리다	aspettare	아스뻿따레
죄송합니다	mi scusi	미 스쿠지

김선생께서는 댁에 계십니다.

Il signor Kim è in casa.

일 시뇨르 김 에 인 카사

그러나 바쁘셔서 댁을 만날 수 없습니다.

Ma non potrà riceverLa perché è occupato.

마 논 뽀뜨라 리체베를라 뻬르께 에 옥꾸빠또

내일은 한가하실 겁니다.

Domani sarà libero.

도마니 사라 리베로

내일 아침 다시 들려 주십시오.

La prego di ripassare domani mattina.

라 쁘레고 디 리빳사레 도마니 맛띠나

기다리게 해서 죄송합니다.

Scusi se L'ho fatta aspettare!

스쿠지 세 로 퐛따 아스뻿따레

일상 관용 어구

일상적으로 가장 많이 사용하는 용어들을 제시해 본다. 항상 수시로 사용하는 말들이므로 꼭 익혀야 겠다.

그렇습니다.

Sì.(Appunto!; Proprio così!)

씨　압뿐또　쁘로쁘리오 꼬시

그렇지 않습니다.

No.(Non è così!)

노　논　에 꼬시

동의합니다(맞습니다).

D'accordo!(Ha ragione!)

닥꼬르도　아　라지오네

기꺼이 하겠습니다.

Con piacere! (Volentieri!)

꼰　삐아체레　볼렌띠에리

믿을수가 없군요!(놀라웁군요)

Incredibile!

인끄레디빌레

알다	sapere	싸뻬레
반복하다	ripetere	리뻬떼레
설명하다	spiegare	스삐에가레
뜻, 의미	il significato	일 시니피까또
기쁜	lieto	리에또

압니다. 모릅니다.

Lo so. Non lo so.

로 쏘 논 로 쏘

무슨 말씀인지 모르겠습니다.

Non capisco ciò che Lei dice.

논 까삐스꼬 치오 께 레이 디체

다시 한번 말씀해 주시겠습니까?

Potrebbe ripetere?

뽀뜨렙베 리뻬떼레

이 문장의 뜻을 설명해 주시겠습니까?

Potrebbe spiegarmi il significato di questa frase?

뽀뜨렙베 스삐에가르미 일 시니피까또 디 꿰스따 프라세

당신을 뵙게되어 기쁩니다.

Sono molto lieto di vederLa!

쏘노 몰또 리에또 디 베데를라

부모님	i genitori	이 제니또리
소개하다	presentare	쁘레젠따레
친구	l'amico	라미꼬
축하하다	tanti auguri	딴띠 아우구리
생일	il compleanno	일 꼼쁠레안노

당신 부모님께 안부를 전해 주세요.

Tanti saluti ai suoi genitori!

딴띠 살루띠 아이 수오이 제니또리

당신께 제 친구를 소개합니다.

Le presento il mio amico.

레 쁘레젠또 일 미오 아미꼬

제 소개를 해도 되겠습니까?

Permette che mi presenti?

뻬르멧떼 께 미 쁘레젠띠

축하합니다.

Tanti auguri!

딴띠 아우구리

생일 축하합니다.

Buon compleanno!

부온 꼼쁠레안노

늦음	il ritardo	일 리따르도
용서, 사과	la scusa	라 스꾸자
친절	la gentilezza	라 젠띨렛짜
감사하다	ringraziare	링그라찌아레
말하다	parlare	빠를라레

늦어서 미안합니다.

Mi scusi il ritardo!

미 스쿠지 일 리따르도

당신의 친절에 감사합니다.

La ringrazio della Sua gentilezza!

라 링그라찌오 델라 수아 젠띨렛짜

참으로 친절하시군요.

Lei è molto gentile!

레이 에 몰또 젠띨레

영어(이태리어)할 줄 아세요?

Lei parla inglese(italiano)?

레이 빠를라 잉글레제(이딸리아노)

조금 합니다.

Lo parlo un po'.

로 빠를로 운 뽀

34-35

충분히	abbastanza	압바스딴자
전혀	affatto	압팟또
천천히	piano	삐아노
잠시만, 잠깐	un momento	운 모멘또
조금	un poco	운 뽀꼬

충분히 합니다.

Lo parlo abbastanza bene.

로 빠를로 압바스딴자 베네

전혀 못합니다.

Non lo parlo affatto!

논 로 빠를로 압팟또

좀 천천히 말씀해 주세요.

Parli piano per favore!

빠를리 삐아노 뻬르 파보레

뭐라고 말씀하셨습니까?

Come diceva?

꼬메 디체바

유감입니다. (미안합니다.)

Mi dispiace!

미 디스삐아체

저는 여행을 좋아합니다.

Mi piace viaggiare.

미 삐아체 비앗지아레

저는 밀가루 음식(국수 종류)을 좋아하지 않습니다.

Non mi piace la pasta.

논 미 삐아체 라 빠스따

어디 가십니까?

Dove va Lei?

도베 바 레이

시내에 갑니다.

In centro.

인 첸뜨로

내일 봅시다.

ArrivederLa a domani!

아리베데드라 아 도마니

귀국 준비

귀국은 출국 수속 때와 똑같은 순서를 밟는다. 중요한 것은 탑승 날짜 보다 적어도 1주일 전에 예약확인을 해야한다. 서울과 로마의 직항로를 이용할 경우는 별 문제가 없으나 유럽의 다른 도시에서 환승할 경우 적어도 3시간 이상의 대기 시간이 필요하다.

제 비행기 티켓을 확인할 수 있을까요?

Posso confermare il mio biglietto dell'aereo?

뽀쏘 꼰페르마레 일 미오 빌리엣또 델라에레오

이름과 날짜를 말씀해 주세요.

Potrebbe dirmi il Suo nome e la data di partenza?

뽀뜨렙베 디르미 일 수오 노메 에 라 다따 디 빠르뗀자

제 이름은 김 인철이고 8월15일 출발합니다.

Il mio nome è Kim In Chul e parto il 15 agosto.

일 미오 노메 에 김 인 철 에 빠르또 일 뀐디치 아고스토

모든 것이 다 잘 됐습니다.

Tutto a posto!

뚜또 아 포스토

감사합니다.

Grazie mille! Buon giorno!

그라찌에 밀레 부온 죠르노

확인하다	confermare	꼰페르마레
비행기표	il biglietto dell'aereo	일 빌리엣또 델라에레오
날짜	la data	라 다따
출발하다	partire	빠르띠레
공항	l'aeroporto	라에로뽀르또

한국으로 떠나신다고 들었는데, 언제 떠나십니까?
Dicono che Lei si recherà in Corea. Quando partirà?
디코노 께 레이 씨 레케라 인 꼬레아 꽌도 빠르띠라

내주 금요일에 떠납니다.
Partirò venerdì prossimo.
빠르띠로 베네르디 쁘롯시모

비행기는 몇시에 로마공항을 이륙합니까?
A che ora partirà l'aereo dall'aeroporto di Roma?
아 께 오라 빠르띠라 라에레오 달라에로뽀르또 디 로마

오후 5시에 떠납니다.
Partirà alle cinque del pomeriggio.
빠르띠라 알레 친꿰 델 뽀메릿지오

좌석을 예약했습니까?
Ha già prenotato il Suo posto?
아 지아 쁘레노따또 일 수오 뽀스또

예약하다	prenotare	쁘레노따레
비행기 멀미	mal di aereo	말 디 아에레오
좌석	il posto	일 뽀스또
비자	il visto	일 비스또
출구	l'uscita	루쉬따

예, 일주일 전에 예약했습니다.

Sì, l'ho prenotato una settimana fa.

씨 로 쁘레노따또 우나 셋띠마나 파

어느 항공편을 이용하십니까?

Con quale compagnia volerà?

꼰 꽐레 꼼빠니아 볼레라

비행기 멀미를 하십니까?

Soffre di mal di aereo?

솟프레 디 말 디 아에레오

예, 조금 합니다.

Sì, un poco.

씨, 운 뽀꼬

안됐군요. 여행 잘하세요.

Peccato! Buon viaggio!

뻿까또 부온 비앗죠

여행 후기

여행 중에 만난 이탈리아 사람들과 엽서나 편지를 주고 받는 것도 다음의 여행을 위한 좋은 준비이다. 그들은 기꺼이 호텔 예약이나 기타 필요한 일에 적극적으로 도움을 줄 것이다.

이 선생님! 잘 다녀오셨습니까?

Bentornato, signor Lee!

벤또르나또 시뇨르 리

이태리 여행은 어땠습니까?

Com è andato il viaggio in Italia?

꼬메 안다또 일 비앗죠 인 이딸리아

좋았습니다. 불행히도 여행이 벌써 끝났습니다!

Bene, grazie! Purtroppo è già finito!

베네 그라찌에 뿌르뜨롭뽀 에 지아 피니또

얼마나 계셨습니까?

Quanto tempo ci è stato?

꽌또 뗌뽀 치 에 스따또

이 주일 있었습니다.

Due settimane.

두에 셋띠마네

여행	il viaggio	일 비앗죠
1주일	una settimana	우나 셋띠마나
날씨	il tempo	일 뗌뽀
해	il sole	일 솔레
여행, 일주	il giro	일 지로

날씨가 좋았습니까?

Ha avuto fortuna con il tempo?

아 아부또 포르뚜나 꼰 일 뗌뽀

예, 거의 항상 햇빛이 있었습니다.

Sì, c'è stato quasi sempre il sole.

씨 체 스따또 꽈시 셈쁘레 일 솔레

여행을 어떤 식으로 하셨습니까?

Che giro ha fatto?

께 지로 아 팟또

비록 조금 서두르긴 했지만 중요한 도시들은 다 보았습니다.

Le città più importanti le ho viste tutte, anche se un po' in fretta.

레 칫따 삐우 임뽀르딴띠 레 오 비스떼 뚯떼 앙께 세 운 뽀 인 프렛따

도시	la città	라 칫따
박물관	il museo	일 무제오
사람과 사귀다	fare amicizia con ~	파레 아미치찌아 꼰
보다	vedere	베데레
예술작품	l'opera d'arte	로뻬라 다르떼

피렌체도 보셨습니까?

Ha visto anche Firenze?

아 비스또 앙께 피렌체

예, 예술품으로 가득차있고 사람들도 친절하더군요.

Sì, è ricca di opere d'arte e anche la gente è simpatica!

씨 에 릭까 디 오뻬레 다르떼 에 앙께 라 젠떼 에 심빠띠까

이태리 사람들과 좀 사귀셨습니까?

Ha fatto amicizia con qualche italiano?

아 팟또 아미치찌아 꼰 꽐께 이딸리아노

예, 많은 사람들을 만났습니다. 특히 학생들을요.

Sì, ne ho conosciuti molti, soprattutto studenti.

씨 네 오 꼬노쉬웃띠 몰띠 소쁘라뜻또 스뚜덴띠

사진을 찍으셨습니까?

Ha fatto delle fotografie?

아 팟또 델레 포또그라피에

42-43

길안내

주의사항 한마디

현재 이탈리아에 지하철이 개통되어 있는 도시는 로마와 밀라노이다. 로마는 2개 노선이 있고 밀라노는 3개의 노선이 있다. 요금은 1유로(대략 1300원) 정도이며 시내버스와 요금이 연계되어 있다.

버스는 도시 마다 다르지만 대략 1유로 정도이다. 버스 티켓은 보통 70분간 탑승이 유효한데 이는 70분간 마음껏 갈아탈 수 있음을 의미하며 마지막 탑승이 70분 안에 이루어진다면 그 다음은 하차할 때까지 시간이 아무리 흘러도 상관없다는 의미이다.

이탈리아의 국철 Ferrovie dello Stato(FS) 노선은 이탈리아 전 국토 16,000Km 를 달린다. 연착이 잦고 동맹파업이 많다는 등의 악명과는 달리 실제로 거의 시간표대로 운행되고 있다. 국내선 중 상급인 InterCity나 국제선 EuroStar는 지연되는 일이 드물며, 지연될 때는 보다 등급이 낮은 열차인 Locale(로칼레)를 희생시키면서 시간표대로 도착하기 위해서 속도를 조정한다. 가장 최상급의 특급열차는 비지니스맨들을 위한 Pendolino(뻰돌리노)가 있다. 시속 250km의 속도로 달리는 고속열차이며 식사와 음료 그리고 신문, 잡지등이 제공된다. 로마에서 밀라노까지 운행되며 정차역은 피렌체, 볼로냐 두 곳에 불과하며 그것도 시의 외곽역에 정차한다. 그만큼 시간을 절약하는 것이다. 이탈리아의 기차요금은 다른 유럽에 비해 그다지 비싼 편이 아니므로 열차를 이용하면 편하고 경제적인 여행을 즐길 수 있다.

열차를 탈 경우 행선지를 반드시 확인해야한다. 우라나라와는 달리 좌석을 예약하지 않고 빈 좌석을 골라탄다. 그러나 예약할 경우 예약금 대략 3유로 정도를 지불하면 예약을 할 수 있다. 예약된 좌석은 좌석위에 <Prenotato>라고 쓰여있다.

길 안내(I)

이탈리아 사람들은 대체로 이방인에게 친절하므로 주저없이 지리에 대해 문의해도 좋다. 그러나 집시들이나 불량기 있어 보이는 아이들의 도움은 사양해야 한다. 호텔이나 공공건물을 제외하고 어떠한 경우에도 passport(여권)을 상대방에게 건네 주어서는 안된다.

실례합니다. 뭘 여쭈어 보아도 될까요?

Scusi. Potrei chiederLe qualcosa?

스쿠지 뽀뜨레이 끼에데를레 꽐꼬사

테르미니(Termini)역이 어디에 있습니까?

Dove si trova la stazione Termini?

도베 씨 뜨로바 라 스따찌오네 떼르미니

이 길이 밀라노 중앙역으로 가는 길입니까?

Questa strada conduce alla stazione centrale di Milano?

퀘스따 스뜨라다 꼰두체 알라 스따찌오네 첸뜨랄레 디 밀라노

실례합니다. 콜로세움으로 갈려면 몇번 버스를 타야 합니까?

Scusi! Mi sa dire che autobus devo prendere per andare al Colosseo?

스쿠지 미 싸 디레 께 아우토부스 데보 쁘렌데레 뻬르 안다레 알 꼴롯세오

중앙역	la stazione centrale	라 스따찌오네 첸뜨랄레
실례합니다	scusi	스쿠지
도착하다	arrivare	아리바레
길	la strada	라 스뜨라다
바티칸	la città di Vaticano	라 칫따 디 바티카노

어떻게 바티칸으로 갈 수 있을까요?

Come posso arrivare in Vaticano?

꼬메 뽀쏘 아리바레 인 바띠까노

실례지만 우체국으로 가는 길을 가르쳐 주시겠습니까?

Scusi, potrebbe indicarmi la via per l'ufficio postale?

스쿠지 뽀뜨렙베 인디까르미 라 비아 뻬르 룹피치오 뽀스딸레

곧장 앞으로 가십시오.

Vada diritto!

바다 디릿또

얼마나 걸립니까?

Quanto tempo ci vuole?

꽌또 뗌뽀 치 부올레

대략 걸어서 10분 거리입니다.

Ci vorranno circa dieci minuti a piedi.

치 보란노 치르까 디에치 미누띠 아 삐에디

물어 보다	chiedere	끼에데레
걸어서	a piedi	아 뻬에디
파출소	un posto di polizia	운 뽀스또 디 뽈리찌아
이방인, 외국의	straniero	스뜨라니에로
광장	la piazza	라 삐앗짜

대단히 감사합니다.

Grazie mille!

그라찌에 밀레

실례합니다, 어떻게 하면 스페인 광장에 갈 수 있습니까?

Scusi, come si fa ad arrivare in Piazza di Spagna?

스쿠지 꼬메 씨 파 아드 아리바레 인 삐앗짜 디 스빠냐

미안합니다만 모르겠습니다.

Mi dispiace, non lo so.

미 디스삐아체 논 로 소

저는 이 도시 사람이 아닙니다.

Non sono di questa città.

논 쏘노 디 꿰스따 칫따

저는 이방인입니다.

Sono straniero.

쏘노 스뜨라니에로

길안내(2) 수퍼마켓 찾기

이탈리아의 수퍼마켓은 우리나라와는 달리 아침 9시 30분경에 문을 열고 오후 8시 경이면 문을 닫는다. 지역과 계절에 따라서도 차이가 있다. 일요일은 대체로 문을 닫는다.

실례합니다, 근처에 수퍼마켓이 있습니까?

Scusi, c'è un supermercato qui vicino?

스쿠지 체 운 수뻬르메르까또 뀌 비치노

예, 베르디街에 있습니다. 신호등 있는 데까지 계속 가십시오.

Sì, in via Verdi. Deve andare diritto al semaforo.

씨 인 비아 뻬르디 데베 안다레 디릿또 알 세마포로

공중전화가 어디에 있습니까?

Dove posso trovare una cabina telefonica?

도베 뽀쏘 뜨로바레 우나 까비나 뗄레포니까

수퍼마켓 바로 옆에 있습니다.

Proprio di fianco al supermercato.

쁘로쁘리오 디 피앙코 알 수뻬르메르까또

정말 감사합니다.

Tante grazie!

딴떼 그라찌에

길안내(3) 길 찾기

이탈리아의 길은 길 찾기가 아주 용이하다. 즉 via(거리)를 찾고 그다음 몇번지인지를 확인한다. 대체로 큰 건물의 출입문 위에 거리, 번지가 크게 표시되어 있으므로 누구나 쉽게 찾을 수 있다.

실례합니다만 市內로 가는 교통수단이 있을까요?
Mi scusi, per favore, c'è un mezzo che va in centro?
미 스쿠지, 뻬르 파보레 체 운 멧쪼 께 바 인 첸뜨로

예, 61번 버스가 있습니다.
Sì, c'è l'autobus 61.
씨, 체 라우또부스 셋싼뚜노

정거장이 어디에 있습니까?
Sa dov'è la fermata?
싸 도베 라 페르마따

오른쪽 첫번째 길인 니에보街에 있습니다.
In via Nievo, la prima strada a destra.
인 비아 니에보 라 쁘리마 스뜨라다 아 데스뜨라

정말로 감사합니다.
Grazie mille!
그라찌에 밀레

50-51

길안내(4) 지하철 타고 중앙역으로 가기

지나가는 행인에게 중앙역으로가는 지하철에 대해서 물을 때는 아래와 같은 질문을 한다. 역에 가면 그 도시 지도를 무료로 나누어 주므로 항상 휴대하면 편리하다.

실례합니다. 중앙역으로 가려면 몇호선을 타야합니까?

Scusi, che linea devo prendere per la stazione centrale?

스쿠지 께 리네아 데보 쁘렌데레 뻬르 라 스타찌오네 첸뜨랄레

3호선 손드리오(Sondrio)방향을 타십시오.

La linea 3, direzione Sondrio.

라 리네아 뜨레 디레찌오네 손드리오.

어느 정거장에서 내려야 합니까?

A quale fermata devo scendere?

아 꽐레 페르마따 데보 쉔데레

잠시만요... 일곱번째 정거장에서 내리십시오.

Un momento .... alla settima fermata.

운 모멘또 알라 셋띠마 페르마따.

뭐라고 감사해야할지 모르겠습니다.

Non so come ringraziarLa della Sua gentilezza!

논 쏘 코메 링그라찌아를라 델라 수아 젠띨렛짜

52-53

호텔에서

- 주의사항 한마디
- 호텔에서

주의사항 한마디

이탈리아의 숙소는 아주 다양하다. 로마의 엑셀시오르 호텔(Hotel Exelsior)이나 베네치아의 그릿티 팔라스(Gritti Palace)처럼 역사와 전통을 자랑하는 특급호텔로부터 절약형 여행자들을 위한 펜시오네(Pensione)에 이르기까지 다양한 여행자 계층의 다양한 요구에 응할 준비가 되어 있다. 이탈리아 주요 도시의 기차역에는 여행자들을 위한 호텔 안내 시스템이 잘 완비되어 있어서 잠자리를 찾아 굳이 시내를 헤메일 필요가 없다.

이탈리아 호텔의 프론트 직원들은 대체로 영어에 능숙하기 때문에 영어를 조금이라도 구사할 줄 아는 여행객들은 언어에 따른 두려움을 가질 필요가 없다.

이탈리아의 호텔은 대체로 3종류의 방을 보유하고 있다. 1인용 침대방을 una singola(우나 싱골라), 침대 두개를 갖춘 2인용 방을 una doppia(우나 돕삐아) 그리고 2인용 침대 즉 더블 베드를 갖춘 방을 una matrimoniale(우나 마뜨리모니알레)라고 한다. 호텔의 등급에 따라 혹은 방의 값에 따라 공동 욕실을 사용하거나 전용 욕실을 갖춘 방으로 구분된다. 예컨데 욕실을 갖춘 1인용 방을 una singola con bagno(우나 싱골라 꼰 바뇨)라고 하고 욕실을 갖춘 2인용 방을 una doppia con bagno(우나 돕삐아 꼰 바뇨)라고 한다. 아침식사(prima colazione)가 요금에 포함되어 있는지 사전에 문의하는 것이 좋다. 즉 "Inclusa la prima colazione?(인끌루사 라 쁘리마 꼴라찌오네)"라고 하면 된다.

호텔에서

샤워장을 이용할 경우 욕조에 반드시 커튼을 치고 물이 밖으로 새지 않도록 조심해서 샤워를 해야한다.

말씀 하십시오 손님.

Dica, signore!

디까 시뇨레

방을 이미 예약했습니다.

Ho una camera prenotata.

오 우나 까메라 쁘레노따따

이름이 무엇입니까?

Qual è il Suo nome?

꽐레 일 수오 노메

김인철입니다.

Sono Inchul Kim.

쏘노 인철 김

봅시다. 아, 그래요, 여기있군요. 23호실 일인용입니다.

Vediamo... ah, sì, ecco: è la camera ventitré (23), una singola.

베디아모 아 씨 엑꼬 에 라 까메라 벤띠뜨레 우나 싱골라

여기 있습니다!	eccolo!	엑꼴로
싱글 침대	il letto singolo	일 렛또 싱골로
트윈 침대	il letto doppio	일 렛또 돕삐오
더블 침대	il letto matrimoniale	일 렛또 마뜨리모니알레
샤워	la doccia	라 돗치아

욕실이 있습니까?

Ha il bagno?

아 일 바뇨

예, 있습니다. 모든 방에 다 욕실이 완비되어 있습니다.

Sì, ce l'ha. Tutte le camere hanno il bagno.

씨 첼라 떼 레 까메레 안노 일 바뇨

숙박료가 얼마입니까?

Qual è il prezzo?

꽐레 일 쁘렛쪼

90유로 입니다.

Novanta(90) euro.

노반타 에우로

여권 좀 보여 주십겠습니까?

Ha il passaporto, per favore?

아 일 빳싸뽀르또 뻬르 파보레

욕실	il bagno	일 바뇨
방	la camera	라 까메라
가격	il prezzo	일 쁘렛쪼
여권	il passaporto	일 빳싸뽀르또
원하다	desiderare	데시데라레

어떤 방을 원하십니까?

Che numero desidera?

께 누메로 데시데라

남향의 조용한 방을 원합니다.

Preferisco una camera tranquilla che guarda a sud.

쁘레페리스코 우나 까메라 뜨란뀔라 께 구아르다 아 수드

그리고 강이 바라다 보이는 방을 원합니다.

In più, preferisco la camera che dà sul fiume.

인 삐우 쁘레페리스코 라 까메라 게 다 술 피우메

이 방은 어떻습니까?

Come Le pare questa camera?

꼬메 레 빠레 꿰스따 까메라

이 방은 너무 큽니다.

Questa camera è troppo grande.

꿰스따 까메라 에 뜨롭뽀 그란데

큰	grande	그란데
작은	piccolo	삐꼴로
몇시에	a che ora	아 께 오라
아침식사	la colazione	라 꼴라찌오네
세탁물	il bucato	일 부까또

네겐 좀 더 작은 방이 좋겠습니다.

Preferirei una camera più piccola.

쁘레페리레이 우나 까메라 삐우 삑꼴라

좀 더 적당한 방이 없을까요?

Non ne ha un'altra?

논 네 아 우날뜨라

식사는 몇시에 할 수 있습니까?

A che ora si può fare la colazione?

아 께 오라 씨 뿌오 파레 라 꼴라찌오네

아침식사는 6시 부터 8시 까지입니다.

La prima colazione è dalle sei alle otto.

라 쁘리마 꼴라찌오네 에 달레 세이 알레 옷또

세탁물은 어떻게 합니까?

Per il bucato, come devo fare?

뻬르 일 부까또 꼬메 데보 파레

내일	domani	도마니
계산서	il conto	일 꼰또
부탁합니다	per favore	뻬르 파보레
정오	mezzogiorno	멧쪼죠르노
여행가방	la valigia	라 발리지아

방안에 세탁물 주머니가 있습니다.

In camera ci sono i sacchetti della lavanderia.

인 까메라 치 쏘노 이 삭껫띠 델라 라반데리아

내일 떠납니다. 숙박비를 계산해 주세요.

Domani parto. Mi prepari il conto, per favore!

도마니 빠르또 미 쁘레빠리 일 꼰또 뻬르 파보레

좋습니다. 12시, 정오 이전까지 방을 비워주십시오.

Va bene! Ricordi che deve lasciare la camera entro mezzogiorno!

바 베네 리꼬르디 께 데베 라쉬아레 라 까메라 엔뜨로 멧쪼 죠르노

짐을 아래로 내려다 주시겠습니까?

Potrebbe farmi portare giù le valigie?

뽀뜨렙베 파르미 뽀르따레 지우 레 발리지에

다시 뵙겠습니다	arrivederLa	아리베데를라
운반하다	portare	뽀르따레
아침	la mattina	라 맛띠나
전화하다	telefonare	뗄레포나레
외부로	fuori	푸오리

예 손님. 안녕히 가십시오.

Subito, signore! ArrivederLa!

수비또　시뇨레　아리베데를라

짐을 방으로 운반해 주시겠습니까?

Potrebbe farmi portare il bagaglio in camera?

뽀뜨렙베　파르미 뽀르따레 일 바갈리오 인 까메라

내일 아침 6시에 깨워주시겠습니까?

Potrebbe darmi la sveglia alle sei(6) domani mattina?

뽀뜨렙베 다르미 라 스벨리아 알레 세이 도마니 맛띠나

외부로 전화하려면 몇번을 돌려야 합니까?

Per telefonare fuori che numero devo fare?

뻬르　뗄레포나레 푸오리 께　누메로　데보 파레

0 번을 누르시고 원하는 번호를 누르세요.

Deve fare lo zero e poi il numero che desidera.

데베 파레　로 제로 에 뽀이 일 누메로　께　데시데라

교통

- 주의사항 한마디
- 택시 타기
- 자동차 렌트
- 자동차 정비소에서

주의사항 한마디

이탈리아의 시내 공공 교통수단은 버스, 트람(tram), 지하철 그리고 택시이다. 택시를 제외하고는 모두 市營이기 때문에 배차시간이 정확하고 노선도 합리적으로 짜여있다. 공공교통 수단을 이용하는 것도 저렴하게 그 나라를 배우는 수단이다. 먼저 <Tabacchi 따박끼>라는 간판이 붙은 가게에 가서 시내 도로 지도와 시내버스, 지하철, 전차의 노선과 운행시간을 확인하는 것이 좋다. 그리고 그곳에서 티켓을 살 수 있다. 시내 교통 수단은 조직적으로 연계되어 있기 때문에 버스 · 지하철 · 트람(전철)을 자유자재로 이용할 수 있다. 장기간 체류자를 위한 정기권인 Abbonamento(압보나멘또)가 있다.

택시는 모두 콜 택시이며 가격이 아주 비싸다. 콜 택시를 불렀을 경우 pick up하러 오는 요금도 지불해야 한다. 그러나 기차역이나 공항등에는 우리와 마찬가지로 자유롭게 택시를 골라 탈 수 있다. 특히 공항에서는 시내로 들어가는 요금이 무척 비싸므로 탑승전에 운전기사와 요금을 미리 합의하는 것이 좋다. 이탈리아에는 가끔 외국인들에게 바가지를 씌우는 일이 있으니 조심해야 한다.

이탈리아의 버스나 트람은 이용자 스스로 티켓팅을 자율로 한다. 즉 티켓 없이도 탈 수 있다는 것이다. 그러나 비정기적으로 검표원이 승차하여 표를 검사하는 경우가 있다. 이러한 검문에 걸렸을 경우 요금의 50배에 해당하는 벌금을 내야하므로 무임승차하는 일이 절대로 없어야겠다. 승차하는 순간 실내에 마련된 기계에 승차확인을 스스로 해야 한다. 그렇지 않은 경우 무임승차로 간주되어 무거운 벌금과 함께 국가 망신을 시키는 경우가 있다.

택시 타기

이탈리아에는 일반적으로 모든 택시가 콜(call) 택시이다. 따라서 전화로 신청하면 원하는 곳으로 안전하게 데려다 준다. 그러나 기타 큰 공공 장소(역, 공항 등)에는 택시 정거장이 있어서 우리나라에서처럼 잡아 탈 수 있다.

실례지만 어디에서 택시를 탈 수 있습니까?

Scusi, dove posso prendere un taxi?

스쿠지 도베 뽀쏘 쁘렌데레 운 딱시

중앙 역까지 데려다 주십시오.

Mi porti alla Stazione Centrale!

미 뽀르띠 알라 스따찌오네 첸뜨랄레

엑셀시오르 호텔까지 데려다 주세요!

Mi porti all'Hotel Exelsior!

미 뽀르띠 아로뗄 엑셀시오르

요금은 얼마입니까?

Quanto pago?

꽌또 빠고

여기 있습니다. 잔 돈은 가지십시오.

Ecco a Lei! Tenga pure il resto!

엑꼬 아 레이 뗑가 뿌레 일 레스또

팁(봉사료)	la mancia	라 만치아
운전기사	l'autista	라우띠스따
버스 정류장	la fermata dell'autobus	라 페르마따 델라우또부스
버스를 타다	prendere l'autobus	쁘렌데레 라우또부스
지하철	la metropolitana	라 메뜨로뽈리따나

감사합니다. 좋은 여행이 되십시오.

Grazie mille! Buon viaggio!

그라찌에 밀레 부온 비앗죠

빈 택시입니까?

Taxi, è libero?

딱시 에 리베로

예, 어디 가십니까?

Sì, dove deve andare?

씨 도베 데베 안다레

기차역에 갑니다.

Vado alla stazione.

바도 알라 스따찌오네

좋습니다, 손님!

Va bene, signore!

바 베네 시뇨레

어디에	dove	도베
기차를 놓치다	perdere il treno	뻬르데레 일 뜨레노
기차역	la stazione	라 스따찌오네
러시아워	l'ora di punta	로라 디 뿐따
텅빈	libero	리베로

좀 더 빨리 달릴 수 없을까요?

Può andare più veloce?

뿌오 안다레 삐우 벨로체

8시 Inter city 기차를 타야합니다.

Devo prendere l'Intercity delle otto(8).

데보 쁘렌데레 린떼르시띠 델레 옷또

안됐습니다만 지금은 러시아워 입니다.

Purtroppo è l'ora di punta.

뿌르뜨롭뽀 에 로라 디 뿐따

압니다만 기차를 놓칠 수는 없습니다.

Sì, ma non posso perdere il treno!

씨 마 논 뽀쏘 뻬르데레 일 뜨레노

몇 분후면 기차역에 도착할 겁니다.

Arriveremo tra poco alla stazione.

아리베리모 뜨라 포꼬 알라 스타치오네

지불하다	pagare	빠가레
잔돈	il resto	일 레스또
번호, 수	il numero	일 누메로
얼마, 얼만큼	quanto	꽌또
여행	il viaggio	일 비앗죠

아, 도착했군요! 얼마입니까?

Oh, eccoci arrivati! Quanto pago?

오 엑꼬치 아리바띠 꽌또 빠고

10유로 입니다.

Dicei(10) euro.

디치에 에우로

여기 11유로 있습니다.

Ecco a Lei undici(11) euro.

엑꼬 아 레이 운디치 에우로

잔돈은 가지십시오.

Può tenere il resto.

뿌오 떼네레 일 레스또

고맙습니다, 즐거운 여행이 되십시오!

Grazie, buon viaggio!

그라찌에 부온 비앗죠

대략, 대강	circa / quasi	치르까 / 꽈시
분	minuto	미누또
초	secondo	세꼰도
시	ora	오라
半	mezzo(mezza)	멧쪼(멧짜)

실례지만, 콜로세움에 가려면 몇번 버스를 타야 합니까?
Scusi, che numero devo prendere per il Colosseo?
스쿠지 께 누메로 데보 쁘렌데레 뻬르 일 꼴롯세오

64번을 타야 합니다
Deve prendere il sessantaquattro(64).
데베 쁘렌데레 일 셋산따꽈뜨로

얼마나 걸립니까(시간)?
Quanto tempo ci impiega?
꽌또 뗌뽀 치 임삐에가

대략 20분 걸립니다.
Ci impiega circa venti(20) minuti.
치 임삐에가 치르까 벤띠 미누띠

1시간 30분 걸립니다. 2시간 10분 걸립니다.
Ci vuole un'ora e mezza. Ci vogliono due ore e dieci.
치 부올레 우노라 에 멧짜. 치 볼리오노 두에 오레 에 디에치

자동차 렌트

이탈리아에서의 자동차 렌트는 다른 유럽 지역과 절차나 방법이 비슷하다. 여권과 국제 운전 면허증이 필요하다. 빌리는 조건에 따라 값이 다소 차이가 나므로 약관을 잘 읽어 보고 선택해야 한다. 거의 모든 약관이 영어, 불어, 독일어 ☞ 계속

이틀 동안 자동차를 빌릴 수 있을 까요?

Posso noleggiare una macchina per due giorni?

뽀쏘 놀렛지아레 우나 막끼나 뻬르 두에 죠르니

물론입니다.

Si, certo!

씨 체르또

하루에 얼마입니까?

Quanto costa al giorno?

꽌또 꼬스따 알 죠르노

하루에 120유로입니다.

Costa centoventi euro al giorno.

꼬스따 첸토벤티 에우로 알 죠르노

휘발유는 채워줍니까?

È incluso il pieno di benzina?

에 인끌루소 일 삐에노 디 벤지나

그리고 가끔은 일본어로 표기되어 있기 때문에 각자가 이해할 수 있는 언어를 요구할 수 있다. 특이한 것은 평일 보다는 주말의 렌트 비용이 거의 50% 가까이 싸다는 사실이다. 대금 지불은 신용 카드로 하는 것이 유리하고 각종 혜택을 보장 받을 수 있다.

예. 손님

Sì, signore.

씨 시뇨레

차를 어디에 반납해야 합니까?

Dove devo riportare la macchina?

도베 데보 리뽀르따레 라 막끼나

이곳이나 우리 회사 어느 지점에서도 가능합니다.

Può riportarla qui o in una qualsiasi nostra agenzia.

뿌오 리뽀르따를라 뀌 오 인 우나 꽐시아시 노스뜨라 아젠지아

휘발유를 채워주십시오.

Mi faccia il pieno di benzina, per favore.

미 팟치아 일 삐에노 디 벤지나 뻬르 파보레

예, 손님.

Sì, signore.

씨 시뇨레

차를 빌리다	noleggiare la macchina	놀렛지아레 라 막끼나
반납하다	riportare	리뽀르따레
휘발유	la benzina	라 벤지나
디젤	il casolio	일 까솔리오
지점	l'agenzia	라젠지아

이곳은 주차비가 얼마입니까?

Quanto costa parcheggiare qui?

관또 꼬스따 빠르껫지아레 뀌

시간당 1유로 입니다.

Costa un euro all'ora.

꼬스따 운 에우로 알로라

제 차가 잘 운행이 되지 않습니다.

La mia macchina non funziona bene.

라 미아 막끼나 논 푼찌오나 베네

고장이 났습니다.

Forse è rotta.

포르세 에 롯따

근처에 정비공장이 있습니까?

C'è un meccanico qui vicino?

체 운 멕까니꼬 뀌 비치노

주차장	il parcheggio	일 빠르껫지오
故障	fuori servizio	푸오리 세르비찌오
주유소	la stazione di servizio	라 스따찌오네 디 세르비찌오
정비소	l'autorimessa	라우또리멧사
수리하다	riparare	리빠라레

제동장치를 손보아 주십시오.

Potrebbe aggiustarmi il freno, per favore?

뽀뜨렙베 앗지우스따르미 일 프레노 뻬르 파보레

이탈리아 도로지도를 살수 없을까요?

Posso comprare una carta stradale dell' Italia?

포소 꼼프라레 우나 까르따 스뜨라달레 델리딸리아

보통 휘발유가 다 떨어졌습니다.

La benzina normale è terminata.

라 벤지나 노르말레 에 떼르미나따

괜찮습니다. 고급휘발유를 넣어주세요.

Non importa! Metta pure la super!

논 임뽀르따 멧따 뿌레 라 수뻬르

자 됐습니다. 좋은 여행이 되십시요.

Ecco fatto! Boun viaggio!

엑코 팟또 부온 비앗죠

자동차 정비소에서

이탈리아에서는 주유소에서 간단한 경정비를 해준다. 그러나 렌트카인 경우 대부분이 새차이므로 정비소에 갈 일은 거의 없다.

제 차 수리가 다 끝났습니까?

È pronta la mia macchina?

에 쁘론따 라 미아 막끼나

분해 수리를 막 끝냈습니다.

Sì, ho appena finito di revisionarla.

씨 오 압뻬나 피니또 디 레비시오나를라

어디가 고장났습니까?

Che cosa aveva?

께 꼬사 아베바

클러치가 조금 고장이났고 플러그가 지저분합니다.

Slittava un po' la frizione e c'era una candela sporca.

슬릿따바 운 뽀 라 프리찌오네 에 체라 우나 깐델라 스뽀르까

변속기를 손 보셨습니까?

Ha controllato il cambio?

아 꼰뜨롤라또 일 깜비오

벨트	la cinghia	라 칭기아
자동차	la macchina	라 막끼나
클러치	la frizione	라 프리찌오네
브레이크	il freno	일 프레노
변속기	il cambio	일 깜비오

2단 기어가 잘 들어가지 않던데.

La seconda non entrava bene.

라 세꼰다 논 엔뜨라바 베네

지금 변속장치는 다 정상입니다.

Adesso le marce sono tutte a posto.

아뎃소 레 마르체 소노 뚯떼 아 뽀스또

그래야겠지요! 브레이크는 어때요?

Speriamo! E i freni?

스뻬리아모 에 이 프레니

여전히 좋습니다.

Sono ancora buoni.

쏘노 앙꼬라 부오니

팬 벨트도 살펴보셨습니까?

Ha guardato anche la cinghia del ventilatore?

아 과르다또 앙께 라 칭기아 델 벤띨라또레

출발하다	partire	빠르띠레
조용한	tranquillo	뜨랑뀔로
교체하다	sostituire	소스띠뚜이레
고장	il guasto	일 구아스또
길	la strada	라 스뜨라다

예, 교환했습니다.

Sì, l'ho sostituita.

씨 로 소스띠뚜이따

부드럽게 출발할 수 있겠지요?

Crede che possa partire tranquillo?

끄레데 께 뽀사 빠르띠레 뜨랑뀔로

물론입니다!

Senz'altro!

센잘뜨로

괜찮군요! 어이없는 고장 때문에 한 길에 서있는 일이 없겠지.

Meno male! Non vorrei rimanere per strada per uno stupido guasto.

메노 말레 논 보레이 리마네레 뻬르 스뜨라다 뻬르 우노 스뚜삐도 구아스또

머물다	rimanere	리마네레
번호판	la targa	라 따르가
물론이죠	senz'altro	센잘뜨로
속도	la velocità	라 벨로칫따
바퀴	la ruota	라 루오따

잘 갈겁니다!

Vada pure tranquillo!

바다 뿌레 뜨란뀔로

얼마입니까?

Quanto Le devo?

꽌또 레 데보

24유로 입니다.

Centoventi euro

첸토벤티 에우로

여기 있습니다.

Ecco a Lei!

엑꼬 아 레이

감사합니다. 즐거운 여행이 되십시오!

Grazie e buon viaggio!

그라찌에 에 부온 비앗죠

식사

주의사항 한마디

이탈리아에는 이탈리아 전체를 대표할 수 있는 요리는 사실상 없다. 다만 이탈리아 각 지역의 향토색을 살린 요리가 있을 뿐이다. 이처럼 요리에 지방색이 짙은 것은 1860년대 통일이 이루어지기 전까지 국토가 여러 왕국과 지역국가로 나누어져 있었기 때문이다. 이탈리아인들에게 있어서 최고의 미식은 자신들의 토지에서 수확한 것을 그 지역 포도주에 곁들여 먹는 것이다.

이탈리아인들의 아침식사는 아주 간단하다. 에스쁘렛소(espresso) 커피 한잔이나 커피에 우유를 듬뿍 넣은 깝페에 랏떼(caffè e latte)와 빵 한조각이 전부이다. 출근길에 많은 이탈리아인들이 바(bar)에서 커피 한잔과 빵 한조각을 먹으면서 신문을 읽는 모습을 쉽게 볼 수 있다. 원래 이탈리아인들은 점심을 가장 잘 먹는다. 파스타 · 고기나 생선요리 · 야채요리 · 와인 · 디저트 · 커피순으로 2시간여에 걸친 비교적 무거운 식사를 한다. 그러나 요즘은 바(bar)에서 간단히 때우는 경우가 많다.

5시경에 오후의 간식인 Merenda를 먹는다. 그리고 저녁은 우리나라 보다는 비교적 늦은 시간인 8-9시경에 식구들이나 가까운 친구들과 집에서 혹은 레스토랑에서 혹은 핏쩨리아(Pizzeria)에서 즐거운 대화와 함께 즐긴다.

여행도중 혹시 인정 넘치는 식탁에서 이탈리아인들에 둘러싸여 식사를 만끽했다면 그것은 벌써 이탈리아의 진수를 접한 것이나 다름이 없다.

음식 주문하기

웨이터, 메뉴를 부탁합니다.

Cameriere, il menù per favore!

까메리에레 일 메누 뻬르 파보레

이 식당의 특별식이 무엇입니까?

Qual è la specialità della casa?

꽐 에 라 스뻬치알리따 델라 카사

일인분 주십시오!

Una porzione per favore!

우나 뽀르찌오네 뻬르 파보레

저는 빨간 포도주를 원합니다.

Preferisco vino rosso.

쁘레페리스코 비노 롯소

후식으로 아이스크림을 주십시오.

Per finire mi dia un gelato.

뻬르 피니레 미 디아 운 젤라또

레스토랑에서의 실제 대화의 예

이탈리아 레스토랑은 정장을 입어야 출입할 수 있는 곳이 있고 반면 자유 복장으로 출입할 수 있는 곳이 있으므로 유의할 것. 고급식당은 예약이 필수이다.

웨이터! 메뉴 가져오십시오!

Cameriere, il menù per favore!

까메리에레 일 메누 뻬르 파보레

곧 가겠습니다. 손님

Subito, signore!

수비또 시뇨레

"Tortellini alla panna(크림을 얹은 국수 종류)"를 먹고 싶은데.

Vorrei dei tortellini alla panna.

보레이 데이 또르뗄리니 알라 빤나

맛 괜찮아요?

Sono buoni?

쏘노 부오니

물론입니다. 오늘 저희 식당의 특별식입니다.

Certamente! Sono la specialità di oggi.

체르따멘떼 쏘노 라 스뻬치알리따 디 오지

고기	la carne	라 까르네
생선	il pesce	일 뻬쉐
야채	la verdura	라 베르두라
샐러드	l'insalata	린살라따
음료	la bevanda	라 베반다

그러면 일인분 주세요!

Allora mi dia una porzione!

알로라 미 디아 우나 쁘르치오네

두번째 음식은 무엇을 주문하시겠습니까?

E per secondo che cosa prende?

에 뻬르 세꼰도 께 꼬사 쁘렌데

피렌체풍의 스테이크를 주세요!

Bistecca alla fiorentina!

비스떼까 알라 피오렌띠나

무얼 마시겠습니까?

Cosa volete bere?

꼬사 볼레떼 베레

이 식당의 포도주를 가져오세요!

Vino della casa!

비노 델라 까사

과일	la frutta	라 프룻따
물	l'acqua	락꾸아
치즈	il formaggio	일 포르마지오
튀긴	fritto	프릿또
석쇠에 구운	ai ferri	아이 페리

후식은 무얼 드시겠습니까?

Cosa volete per finire?

꼬사 볼레떼 뻬르 피니레

아이스크림 있으면 주십시오!

Se c'è, un gelato!

세 체 운 젤라또

커피도 드릴까요?

Desidera anche un caffè?

데시데라 앙께 운 깝페

예, 코냑을 조금 넣은 진한 커피를 주십시오!

Sì, un caffè corretto con cognac!

씨 운 깝페 꼬렛또 꼰 꼬낙

여기 있습니다!

Eccolo!

엑꼴로

전화로 식당 예약하기

전화로 예약할 경우 시간약속, 인원, 음식종류, 흡연유무등을 자세히 알려주는 것이 좋다.

여보세요, 〈Sole 솔레〉라는 식당이지요?

Pronto, ristorante <Sole>?

쁘론또 리스또란떼 솔레

예, 말씀하십시오.

Sì, dica!

씨 디까

좌석 4개를 예약하고 싶습니다.

Vorrei prenotare un tavolo per quattro persone.

보레이 쁘레노따레 운 따볼로 뻬르 꽈뜨로 뻬르소네

몇시쯤 오십니까?

A che ora?

아 께 오라

7시경이면 좋겠습니다.

Verso le sette.

베르소 레 셋떼

식당

고급스러운 전문 음식점을 'ristorante 리스또란떼', 서민풍의 일반적인 대중 음식점을 'trattoria 뜨랏또리아', 간단한 스넥 종류나 샌드위치, 빵, 커피를 비롯한 음료및 주류를 파는 곳을 'bar 바' 라고 한다. 그외 핏자 전문점을 'pizzeria 삣쩨리아' 라고 한다.

웨이터, 빈 자리가 있습니까?

Cameriere, c'è un tavolo libero?

까메리에레 체 운 따볼로 리베로

예, 손님. 저기 창문 옆에 있습니다.

Si, signore! Laggiù vicino alla finestra!

씨 시뇨레 랏지우 비치노 알라 피네스트라

이 테이블에 앉아도 됩니까?

Possiamo sederci a questa tavola?

뽀씨아모 세데르치 아 꿰스따 따볼라

어서 앉으세요.

Prego, signore!

쁘레고 시뇨레

메뉴 부탁합니다.

La lista dei piatti per favore!

라 리스따 데이 삐앗띠 뻬르 파보레

전채	antipasto	안띠빠스또
후식	dessert	데세르뜨
첫번째 접시	primo piatto	쁘리모 삐앗또
두번째 접시	secondo piatto	세꼰도 삐앗또
전형적 향토요리	piatto tipico	삐앗또 띠삐꼬

메뉴에서 골라 드시겠습니까? 정식을 드시겠습니까?

Volete mangiare alla carta o a prezzo fisso?

볼레떼 만지아레 알라 까르따 오 아 쁘렛쪼 핏소

골라서 먹겠습니다.

Scelgo sulla carta.

쉘고 술라 까르따

웨이터 계산서 주십시오.

Cameriere, il conto per favore!

까메리에레 일 꼰또 뻬르 파보레

제 것은 제가 지불하겠습니다.(덧치 페이를 합시다)

Mi faccia pagare la mia quota!

미 퐛치아 빠가레 라 미아 꿔따

오늘 저녁은 제가 다 내겠습니다.

Stasera pago tutto io!

스따세라 빠고 뚯또 이오

식당 찾기

겨우 2~4주 여행하면서 굳이 한국음식을 찾아 헤메는 우를 범하지 말자. 진정한 여행은 그 지역 음식으로 부터 시작됨을 유의할 것. 그 지역 음식은 그 지역 풍습의 결정체이다.

어디에 가면 좋은 식당이 있을까요?

Dove posso trovare un buon ristorante?

도베 뽀쏘 뜨로바레 운 부온 리스또란떼

어디에 유명한 이태리 식당이 있습니까?

Dove c'è un ristorante italiano famoso?

도베 체 운 리스또란떼 이딸리아노 파모소

이 근처에 좋은 한국 식당이 있습니까?

C'è un buon ristorante coreano qui vicino?

체 운 부온 리스또란떼 꼬레아노 뀌 비치노

핏자 드실래요?

Desidera una pizza?

데시데라 우나 삣짜

잘 먹었습니다. 감사합니다.

Ho mangiato molto bene. Grazie!

오 만지아또 몰또 베네 그라찌에

이탈리아인의 식습관

이탈리아인들은 아침은 거의 먹지 않거나 커피 한잔으로 해결하며 점심식사 두시간 전 쯤에 간식으로 빵과 커피 한 잔을 먹는다. 핏자(pizza)는 저녁 때 먹는 음식이다. 점심때는 핏자를 주문하지 않는 것이 이탈리아의 관습이다.

몇시에 아침식사를 하십니까?

A che ora fa colazione Lei?

아 께 오라 파 꼴라찌오네 레이

일곱시 반입니다.

Alle sette e mezza.

알레 셋떼 에 멧짜

어디서 하십니까?

Dove fa colazione?

도베 파 꼴라찌오네

집에서 합니다. 당신은?

A casa. E Lei?

아 까사 에 레이

저는 아침식사를 하지 않습니다.

Io non faccio mai colazione.

이오 논 팟치오 마이 꼴라찌오네

아침식사	la colazione	라 꼴라찌오네
점심식사	il pranzo	일 쁘란쪼
저녁식사	la cena	라 체나
먹다	mangiare	만지아레
보통	di solito	디 쏠리또

커피 한 잔만을 마십니다.

Prendo solo un caffè.

쁘렌도 솔로 운 깝페

이탈리아인들은 아침에 햄과 달걀을 먹지 않습니까?

Gli italiani non mangiano le uova con il prosciutto la mattina?

리 이딸리아니 논 만지아노 레 우오바 꼰 일 쁘로쉬웃또 라 맛띠나

아닙니다. 우리 이탈리아인들은 보통 아침을 그렇게 먹지 않습니다.

No, noi italiani di solito non facciamo colazione così.

노 노이 이딸리아니 디 솔리또 논 팟지아모 꼴라지오네 꼬시

커피 한 잔을 마시거나 브리오쉬와 함께 카푸치노 한 잔을 마십니다.

Prendiamo solo un caffè o un cappuccino con una brioche.

쁘렌디아모 솔로 운 깝페 오 운 깝풋치노 꼰 우나 브리오쉬

이탈리아의 음식문화

17세기 프랑스의 시인인 라 퐁텐이 그의 〈우화〉에서 '모든 길은 로마로 통한다'라고 노래한 바가 있다. 시인이 말하는 문학적 비유로서 로마를 언급하고 있지만 많은 사람들은 로마를 '영원한 도시'로 여기며 여행의 최종 목적지로 로마를 첫 손가락으로 꼽고 있다. 그러나 로마는 17세기 이전에도 그 이후에도 유럽 문명의 중심지로 모든 서양인(미국을 포함하는)들의 마음의 고향이자 정서적 중심이었다.

이탈리아는 고대 로마와는 분명히 다른 나라이다. 그러나 로마의 유산을 고스란히 물려 받은 관계로 로마와 이탈리아와의 관계를 단절시킬 수는 없다. 사실 이탈리아에는 로마적인 요소 뿐만 아니라 켈트, 게르만, 그리스, 슬라브, 아라비아, 북아프리카등 유럽을 거쳐간 수많은 이질적인 문명과 문화들이 혼재되어 있다. 따라서 이탈리아 문학을 전공한 필자로서도 과연 "이탈리아의 특징을 한마디로 표현하면 무엇일까?"라는 질문에 당혹감을 느끼곤 한다. 뿐만 아니라 이탈리아를 로마와 동일시하거나 이탈리아를 다른 유럽의 나라들 예컨데 프랑스나 독일, 오스트리아등과 전혀 다른 문화의 나라로 단정짓는 話頭에는 당혹을 넘어서 절망감을 느끼기까지 한다. 아직도 이탈리아에 대한 소개와 이해가 미흡한 우리의 현실을 자괴하면서…

이탈리아는 다른 유럽의 나라들과 공통적인 문화를 향유하고 있는 유럽연합(E.U.)의 중심국가이다. 그리고 유엔이 정한 세계 문화 유산의 40%를 이탈리아가 보유하고 있기 때문에 이탈리아적인 것이 세계적이며 가장 보편적인 것일 수가 있다. 따라서 이탈리아와 이탈리아인만의 특성을 감별해내기란 쉬운일이 아니며 너무 보편적인 사실을 소개하기에는 본 지면의 특성에 맞지 않기에 이탈리아의 음식중 가장 많이 알려진 핏자(Pizza: 흔히 우리가 부르는 '피자'는 잘못된 발음이므로 본 지면에서는 '핏자'로 명기한다)와 포도주(Vino)에 관한 사항을 중심으로 간과하기 쉬운 정보를 알리고자 한다.

우리나라에서 핏자를 먹어본 이탈리아인들은 우리의 핏자를 정통핏자로 인정하지 않고 미국식으로 변형된 또 다른 핏자로 여긴다. 즉 이탈리아식 정통 핏자는 오븐으로 구어내지 않고 도자기를 굽는 화덕처럼 큰 화덕에서 구워내며 밀가루 반죽이 보다 정교하고 얇으며 각종 야채와 치즈가 아름답게 배열되어 있다. 핏자의 첨가물은 각 지방마다 그 지방의 특산물로 이루어져 있으나 치즈는 대체로 못짜렐라(Mozzarella)를 공통적으로 쓴다. 따라서 어떤 핏자가 더 맛있다거나 더 품질이 좋다는 평가는 대단히 주관적일 수밖에 없다. 그래서 외국인들은 나폴리의 유명한 핏자인 Pizza Margherita(핏자 마르게리따)를 선호하기도 하고 내용물이 명시된 핏자들 예컨데 Pizza con funghi e prosciutti(핏자 콘 풍기 에 프로쉬웃띠: 버섯과 햄을 넣은 핏자), Pizza con peperoni(핏자 콘 페페로니: 달고 두꺼운 피망을 얹은 핏자), Pizza pescatore(핏자 뻬스까또레: 어패류를 넣은 핏자)들을 선택한다. 그러나 필자가 권하고 싶은 것은 Pizza quattro stagioni(핏자 꽈뜨로 스타찌오니: 4계절의 특산물이 첨부된 핏자)나, 보다 이탈리아 적이며 지방의 정서와 핏자점(Pizzeria 핏쩨리아)의 특성이 보다 진하게 묻어 나오는 Pizza della casa(핏자 델라 카사)를 권하고 싶다. 핏자와 치즈는 이탈리아 사람들에게는 우리의 김치 문화처럼 지방마다 가게마다 가정마다 그 특성이 다르다. 그래서 필자는 필자만의 독특한 표현이 'Pizza di Vostra Famiglia(핏자 디 보스트라 파밀리아)' 즉 '당신 가문의 핏자'를 주문하기도 한다. 그럴때면 종업원은 만면에 웃음을 띄우며 보다 극진한 서비스를 제공하곤 하였다. 왜냐면 대체로 이탈리아인들은 음식점을 대물림하여 경영하기 때문이다. 주방장이 주인인 경우가 많으며 그들은 가업의 계승을 큰 영광으로 생각하는 匠人들이기 때문이다. 따라서 가업에 대한 자부심은 우리가 아는 한도를 훨씬 넘는다.

포도주(Vino 비노) 또한 마찬가지이다. 포도주 애호가인 외국인들 조차도 포도주의 주산지를 프랑스로 생각한다. 그리고 세계 포도주 생산량의 1/4이상이 이탈리아製임을 아는 사람은 그다지 많지 않다. 대체로 역사학자들은 포도주의 기원을 중부 이탈리아 지방에 살았던 고대 민족인 에트루리아인들에게서 찾는다. 따라서 이탈리아가 원산지가 된다는 말도 된다. 이탈리아의 포도주의 종류는 너무 많아서 도저히 소개할 수 없다. 다만 최고급 품질로 인정하는 통제보증 원산지 호칭인 <Denominazione di Orgine Controllata e Garantita>라는 문구가 병에 명시된 포도주로는 Barolo(바롤로), Barbaresco(바르바레스코), Albana di Romagna(알바나 디 로마냐), Brunello di Montalcino(부르넬로 디 몬딸치노)등이 있다. 특히 Brunello di

Montalcino는 이탈리아 공화국 대통령宮인 Palazzo di Guirinale의 공식 만찬용 포도주이기도 하다. 보통 여행자들은 레스토랑에 가면 특정 상표의 포도주를 병째로 주문한다. 크게 잘못된 것은 아니나 이탈리아 사람들은 이러한 주문을 하는 손님들을 '무식한 미국인'이나 '다소 무식한 독일인' 아니면 '포도주에 대해 문외한이면서 돈 많은 동양인(일본인이나 한국인)' 쯤으로 생각하기 십상이며 또한 사실이기도 하다. 이탈리아인들은 스스로를 섬세한 미각을 지닌 포도주 전문가로 자처하면서 '이 지방 음식에는 이 지방 포도주를!' 이라는 슬로건의 신봉자들이다. 그 지방 포도주는 그 지방 음식에 맞게 만들어진 것으로 우리식의 신토불이(身土不二)인 셈이다. 따라서 세련된 여행자라면 음식을 주문한후 "Cosa per bere?(뭘 마시겠습니까)"라는 질문에 "Vino della Casa!(비노 델라 카사: 당신 가게의 포도주)"라고 호기있게 말할 필요가 있다. 혹은 필자의 농담섞인 명칭인 "Vino di Vostra Famiglia(당신 가문의 포도주)"라는 명칭도 생각해 볼만하다. 그러면 아름다운 여종업원은 정이 담뿍 배인 웃음을 흘리며 아름다운 유리 용기에 포도주를 가득 담아 내 올 것이다. 맛은 물론이고 값이 싼 것은 말할 것도 없다.

유럽인은 원래 유목민 출신인 관계로 예외 없이 치즈를 좋아하고 사랑한다. 이탈리아인들도 예외는 아니다. 그들이 가장 사랑하고 자랑하는 치즈는 다소 차이가 있겠지만 아마도 'Mozzarella(못짜렐라)'일 것이다. 못짜렐라는 대체로 크게 두 종류가 있다고 보면 된다. 앞서 이야기한 핏자用이 있는데 이것은 다소 質이 떨어지는 것이다. 그러나 보통 못짜렐라는 샐러드에 얹어 먹거나 식후 접시 위에 놓고 약간의 소금과 후추를 뿌린후 먹기도 한다. 못짜렐라에 대한 향수는 이탈리아인과 다른 유럽인과 구별되는 주요 요소이기도 하다. 필자도 이탈리아에 가면 어김없이 수퍼마켓에 가서 봉지에 들어있는 통조림속의 복숭아 모양의 새하얀 빛깔의 못짜렐라를 사다 먹곤 한다. 그 고소하고 단백한 맛은 이방인인 필자에게도 하나의 향수처럼 느껴지기도 한다. 그리고 이탈리아인들은 미국인들처럼 샌드위치에 끼워 먹는 방식의 치즈를 싫어한다기 보다 경멸한다고 말하는 것이 적절할 만큼 이탈리아 스타일의 치즈와 먹는 방식을 소중하게 생각한다. 문화민족으로서의 자긍심으로까지 생각하는 것이다.

끝으로 식문화와 관련하여 이탈리아인들과 사귀는 과정에서 겪는 시행착오를 이야기하고자 한다. 필자는 주로 이탈리아 북부 지방인 토리노와 밀라노 그리고 베네치아에서 거주하였는데 그곳 사람들의 정서는 우리가 아는 이탈리아인들과는 대단히 다르다. 상당히 합리적이며 계산적이고 정확하고 치밀하며 공중도덕의식이 높다. 독일이나 북프랑스 혹은 오스트리아와 비슷하다고 생각하면 된다. 그러나 남부 사람들은 우리가 흔히 알고 있는 이탈리아인의 심성을 그대로 가지고 있다. 정이 많고 가족간의 연대의식이 강하며 독특하고 세밀한 미각을 가지고 있다. 따라서 남부 이탈리아인들이 우리나라 사람들과 정서가 비슷하다는 세평은 여기에 해당한다. 예들들어 북부 이탈리아에서 친구가 저녁때 차를 함께 마시자는 초대를 했을 경우, 이는 전적으로 차를 마시자는 초대일 뿐 그 이상도 그 이하도 아니다. 따라서 저녁초대인 줄 알고 저녁을 굶고 갔다가는 큰 낭패를 당하기 쉽다. 따라서 그들은 쉽게 초대를 하지도 않으며 초대를 할 경우 목적과 내용을 확실하게 밝힌다. 반면 남부인들은 우리와 비슷하게 손님을 초대했을 경우 초대의 내용과는 별도로 극진하고도 융숭한 대접을 한다. 또한 그들은 처음 만나는 외국인에게도 주소나 전화번호를 적어주며 다음에 언젠가 만날것을 약속한다. 그러나 그러한 약속은 그야말로 인시치례일뿐 정식 약속은 아닌 것이다. 쉽게 한 약속을 믿고 방문하거나 전화를 했다가 상대방이 정말로 몰라보는 경우도 있다. 그러나 대체로 남부인들은 너그럽고 상냥하며 이방인들에게도 친절하고 식당에서건 가정에서건 풍부하고도 맛있는 음식을 정성껏 대접한다. 음식에 있어서도 그 다양성과 조리법의 섬세함, 풍부하고 넘치는 재료와 양념들, 향신료등 북부인과는 비교도 안될 만큼 섬세하고 고급스러운 미각과 식문화를 가지고 있다. 그들에게 있어서 음식을 만들고 먹는 것은 어쩌면 하나의 의식이며 진정한 문화일 것이다. 그들에게는 북부인들처럼 계산적이거나 영악스럽지가 않다. 따라서 정말로 이탈리아를 이해하는 사람들은 남부인들에게서 진정한 인간다움을 느낀다. 비록 북부에 비해 상대적으로 빈곤할 지라도…
이런 저런 이유들로 인해 이탈리아는 북부, 중부, 남부인들간에 도저히 메울 수 없는 깊은 갈등의 골이 있는지도 모르겠다.

포도주에 대한 정보

이탈리아는 세계 포도주 생산의 25%를 점하고 있는 포도주 생산 대국이다. 이탈리아산 포도주는 양에서 뿐만 아니라 질적인 면에서도 세계 최고 수준을 자랑한다. 따라서 이탈리아 식당에서는 맥주 보다는 포도주를 주문하는 것이 격에 맞는다.

포도주 선택 방법으로 육류에는 적포도주를 생선 및 과일, 야채에는 하얀 포도주를 선택하는 상식은 이탈리아에서도 통용된다. 그러나 한 가지 중요한 점은 그 지방 요리에는 그 지방 포도주를 선택하는 것이 현명하다. (그 지방 포도주: VINO DELLA CASA 비노 델라 카사)

포도주에는 엄격한 등급이 있다. 일반적으로 가장 값이 싸고 부담이 없는 포도주의 등급은 Vino di Tavola(비노 디 따볼라), 원산지 증명이 있는 다소 고급스러운 등급은 Denominazione di Origine Controllata(데노미나찌오네 디 오리지네 꼰뜨롤라따)이며 최고급 품질의 등급은 Denominazione di Origine Controllata e Garantita(데노미나찌오네 디 오리지네 꼰뜨롤라따 에 가란띠따)이다. 이러한 표시는 상표속을 잘 들여다 보면 찾을 수 있다.

그리고 포도주의 맛을 나타내는 용어를 잘 알아두면 자신의 입맛에 맞는 포도주를 선택할 수 있다.

- Frizzante(프릿잔떼): 약 발포성
- Spumante(스뿌만떼): 발포성(거의 샴페인 수준)

- Secco(섹꼬): 씁쓸한 맛
- Abboccato(압복까또): 약간 단맛
- Dolce(돌체): 단맛

식당 음식에 대한 정보

1. **전채**(antipasti 안띠빠스띠)

- prosciutto, melone e fichi.(프로쉬웃또 멜로네 에 픽끼): 햄과 멜론 그리고 무화과
- antipasto misto all'italiana(안띠빠스또 미스또 알리딸리아나): 이탈리아풍의 햄, 살라메가 혼합된 전채
- insalata di mare(인살라따 디 마레): 살짝 데친 어패류를 올리브유, 레몬즙으로 버무린 샐러드
- salmone e crostini(살모네 에 끄로스띠니): 훈제 연어에 버터 토스트 첨가
- antipasto arrostito(안띠빠스또 아로스띠또): 좋아하는 전채 모듬
- antipasto di mare(안띠빠스또 디 마레): 생선이나 어패류 샐러드와 구운 조개에 토마토 소스를 곁들인 전채

2. **수프류**(Zuppa e minestrone 주빠 에 미네스뜨로네)

- stracciatella(스뜨라치아뗄라): 양파의 콩소메 수프

- minestra(미네스뜨라): 국수종류가 든 콩소메 수프
- zuppa di verdura(줍빠 디 베르두라): 야채 수프
- minestrone(미네스뜨로네): 국수 또는 쌀이 든 야채 수프
- tortellini in brodo(또르뗄리니 인 브로도): 고기 국물에 국수를 넣은 것

3. 스파겟티(Spaghetti)의 종류

- spaghetti alla pescatore(스빠겟띠 알라 뻬스까또레): 어패류가 들어간 스파겟티
- spaghetti alle vongole veraci(스빠겟띠 알레 봉골레 베라치): 모시조개, 토마토 소스를 곁들인 스파겟티
- spaghetti al pomodoro(스빠겟띠 알 뽀모도로): 토마토 소스가 主인 스파겟띠
- spaghetti alla bolognese(스빠겟띠 알라 볼로녜제): 볼로냐 풍의 스파겟티
- spaghetti alla carbonara(스빠겟띠 알라 까르보나라): 빠르마 치즈가 듬뿍 들어 있으며 달걀, 돼지고기 소스를 곁들인 스파겟티

4. 핏자(Pizza)의 종류

- Pizza Margherita(삣짜 마르게리따): 토마토와 모짜렐라 치즈를 넣어서 만든 핏자
- Pizza con funghi(삣짜 꼰 풍기): 토마토와 치즈로 만든 핏자에 버섯을 얇게 썰어 넣은 것
- Pizza con funghi e prosciutti(삣짜 꼰 푼기 에 쁘로쉬웃띠): 핏자 꼰 풍기에 햄을 넣은 것

- Pizza Napoletana(삣짜 나뽈레따나):
  토마토와 모짜렐라 치즈와 엔초비를 넣은 것
- Pizza della casa(삣짜 델라 까사):
  집안(식당) 전통의 톡특한 핏자
- Pizza con peperoni(삣짜 꼰 뻬뻬로니):
  피망을 얹은 것
- Pizza quattro stagioni(삣짜 꽈뜨로 스따지오니):
  4계절의 특산물을 넣은 핏자
- Pizza capricciosa(삣짜 카프릿치오사):
  종류의 조개를 얹은 것
- Pizza pescatore(삣짜 뻬스까또레):
  각종 어패류를 얹은 것
- Pizza di questa stagione(삣짜 디 꿰스따 스따지오네):
  현 계절의 특산물이 들어간 핏자

관광 · 레저

- 주의사항 한마디
- 관광
- 이발소, 미장원
- 사진관
- 은행
- 이탈리아의 은행
- 바(Bar)
- 주말 여행

주의사항 한마디

이탈리아의 기후는 따뜻하고 4계절이 확실하여 전체적으로 우리나라의 기후와 가깝다. 다른 점은 여름이 건기이고 겨울이 우기라는 점이다. 여름의 한낮은 태양이 작렬하여 실외는 대단히 더우나 실내는 습도가 없으므로 그다지 무덥지가 않다. 따라서 거의 모든 건물이나 자동차에는 냉방시설이 되어있지 않다. 겨울은 우리나라에 비해 기온은 그다지 낮지 않으나 비가 오고 안개가 끼고 습해서 기온에 비해 체감온도가 낮은 편이다.

이탈리아는 남북으로 긴 나라이기 때문에 지역에 따른 기온차가 크다. 그러나 4계절 모두가 매력적이어서 1년 내내 방문해도 좋은 나라이지만 7·8월 보다는 봄이나 가을이 훨씬 매력적이고 여행하기에 편리한 나라이다. 봄에는 남부 이탈리아의 유적지를 돌아보는 것이 좋다. 나폴리, 소렌토, 시칠리아등 더운 여름에는 견디기 힘든 여행이 봄에는 아주 쾌적하고 꽃으로 뒤덮힌 산하를 마음껏 즐길 수 있다. 그리고 중부 이탈리아에는 많은 축제가 관광객들을 반긴다. 가을에는 중부·북부 이탈리아의 유서깊은 도시와 유적지 그리고 쇼핑센터 등을 주유해 보는 것도 큰 기쁨이다. 특히 북부의 와인은 그 품질이나 맛에 있어서 세계최고를 자랑한다. 그 지방 음식과 그 지방 포도주를 곁들이는 저녁 식사는 눈으로 보는 즐거움과 함께 맛으로 느끼는 이탈리아만의 풍취를 즐길 수 있다.

관광

관광지에는 예외없이 집시들이 들끓는다. 여러명의 어린아이들이 접근하면 그 자리를 급히 피하거나 소리를 쳐서 쫓아 보내야 한다. 손가방을 손에서 놓는 일이 절대로 없어야 한다. 그 순간 손가방은 집시의 것이다.

로마를 방문하고 싶습니다.

Vorrei visitare la città di Roma.

보레이 비지따레 라 칫따 디 로마

도시의 야경을 구경하고 싶습니다.

Vorrei fare un giro della città di notte.

보레이 파레 운 지로 델라 칫따 디 놋떼

전통예술 공연을 관람할 수 있을까요?

È possibile vedere qualche spettacolo tradizionale?

에 뽀씨빌레 베데레 꽐께 스뻿따꼴로 뜨라디찌오날레

저기 저 건물은 무엇입니까?

Cos'è quell'edificio lassù?

꼬제 꿸레디피치오 랏수

이것은 무슨 궁전 입니까?

Che palazzo è questo?

께 빨랏쪼 에 꿰스또

방문하다	visitare	비지따레
관광	il turismo	일 뚜리즈모
호수	il lago	일 라고
산	la montagna	라 몬따냐
바다	il mare	일 마레

옛 고궁들 중의 하나입니다.

È uno degli antichi palazzi reali.

에 우노 델리 안띠끼 빨랏찌 레알리

유명한 관광 명소를 알려 주세요.

Potrebbe consigliarmi un luogo turistico famoso?

뽀뜨렙베 꼰실리아르미 운 루오고 뚜리스띠꼬 파모소

단체로 관광할 수 있습니까?

Posso andare con un gruppo?

뽀쏘 안다레 꼰 운 그룹뽀

이탈리아에서 가장 아름다운 호수는 어느 호수 입니까?

Qual è il lago più bello in Italia?

꽐레 일 라고 삐우 벨로 인 이탈리아

꼬모 호수 입니다.

È il lago di Como.

에 일 라고 디 꼬모

~까지	fino a	피노 아
일요일	la domenica	라 도메니까
유명한	famoso	파모소
매표창구	lo sportello	로 스뽀르뗄로
표	il biglietto	일 빌리엣또

그래요? 다음 일요일에 그곳에 가고 싶습니다.
Davvero? Mi piacerebbe andarci domenica prossima.
다베로 미 삐아체렙베 안다르치 도메니까 쁘롯시마

어떻게 그곳에 편하게 갈 수 있을 까요?

Come ci si può andare facilmente?

꼬메 치 씨 뿌오 안다레 파칠멘떼

꼬모까지 가는 기차가 있습니다.

C'è il treno che va fino a Como.

체 일 뜨레노 께 바 피노 아 꼬모

대합실이 어디에 있습니까?

Dov'è la sala d'aspetto?

도베 라 살라 다스뻿또

매표소는 어디 있습니까?

Dov'è lo sportello dei biglietti?

도베 로 스뽀르뗄로 데이 빌리엣띠

안내소	l'ufficio informazioni	룹피치오 인포르마찌오니
정차하다	fermarsi	페르마르시
출발	la partenza	라 빠르뗀짜
철도레일	il binario	일 비나리오
등급	la classe	라 끌라쎄

안내소는 어디 있습니까?

Dov'è l'ufficio informazioni?

도베 룹피치오 인포르마찌오니

코모行 일등석 표 한장을 주십시오.

Un biglietto di prima classe per Como!

운 빌리엣또 디 쁘리마 끌랏세 뻬르 꼬모

첫 차가 몇시에 출발합니까?

Scusi, a che ora parte il primo treno?

스쿠지 아 께 오라 빠르떼 일 쁘리모 뜨레노

어느 플랫폼(선로)에서 출발합니까?

Da quale binario parte il treno?

다 꽐레 비나리오 빠르떼 일 뜨레노

이 기차는 코모역에서 정차합니까?

Si ferma a Como questo treno?

씨 페르마 아 꼬모 꿰스또 뜨레노

어디	dove	도베
도착하다	arrivare	아리바레
다음 역	la prossima fermata	라 쁘롯시마 페르마따
자리	il posto	일 뽀스또
침대차	il vagone letto	일 바고네 렛또

여기가 어디입니까?

Dove siamo?

도베 시아모

이 열차에는 식당차가 있습니까?

Ha un vagone ristorante questo treno?

아 운 바고네 리스또란떼 꿰스또 뜨레노

실례지만 다음역은 어디입니까?

Scusi, qual è la prossima fermata?

스쿠지 꽐레 라 쁘롯시마 페르마따

꼬모까지는 얼마나 걸립니까(몇시간 소요됩니까)?

Quanto tempo ci vuole per arrivare a Como?

꽌또 뗌뽀 치 부올레 뻬르 아리바레 아 꼬모

이 자리가 비어있습니까?

È libero questo posto, per favore?

에 리베로 꿰스또 뽀스또 뻬르 파보레

준비하다	preparare	쁘레빠라레
하차하다	scendere	쉔데레
대합실	la sala d'aspetto	라 살라 다스뻿또
빈	libero	리베로
자리잡힌	occupato	옷꾸빠또

지금 꼬모역에 도착하고 있습니다.

Stiamo per arrivare a Como.

스띠아모 뻬르 아리바레 아 꼬모

이제 도착했습니다.

Eccoci arrivati!

엑꼬치 아리바띠

내릴 준비를 합시다.

Prepariamoci per scendere!

쁘레빠리아모치 뻬르 쉔데레

짐꾼을 부를 수 있습니까?

Posso chiamare il facchino?

뽓쏘 끼아마레 일 팍끼노

물론입니다.

Certamente!

체르따멘떼

106-107

이발소, 미장원

이탈리아인들의 美的 감각은 세계 최고여서 그들의 미용기술 또한 세계 최고이다. 그러나 모발의 특성이 우리와 달라 우리 취향의 머리손질은 기대하기 어렵다. 간단한 커트나 머리손질은 상관이 없다. 팁은 대략 비용의 5-10% 정도면 충분하다.

어서 오십시오 손님.

Venga avanti, signore!

벵가 아반띠 시뇨레

머리를 자르고 수염을 깎고 싶습니다.

Vorrei tagliarmi i capelli e radermi la barba.

보레이 딸리아르미 이 까뻴리 에 라데르미 라 바르바

저고리를 벗고 여기에 앉으십시오.

Mi dia la giacca e si accomdi qui!

미 디아 라 지악까 에 씨 악꼬모디 뀌

어떻게 해드릴까요?

Come vuole i capelli?

꼬메 부올레 이 까뻴리

너무 길지도 너무 짧지도 않게 잘라 주세요.

Né troppo lunghi né troppo corti!

네 뜨롭뽀 룽기 네 뜨롭뽀 꼬르띠

수염	la barba	라 바르바
콧수염	i baffi	이 밥피
시간없다	in fretta	인 프렛따
자르다	tagliare	딸리아레
머리카락	i capelli	이 까뻴리

그리고 파마를 해주세요.

E mi faccia la permanente!

에 미 팟치아 라 뻬르마넨떼

시간이 없으니 서둘러 주세요.

Ma in fretta perché non ho molto tempo!

마 인 프렛따 뻬르께 논 오 몰또 뗌뽀

어떻습니까?

Vanno bene così?

반노 베네 꼬시

좋습니다. 머리를 감아주세요.

Sì, grazie. Mi faccia anche lo shampoo!

씨 그라찌에. 미 팟치아 앙께 로 샴뽀

고맙습니다. 안녕히 가십시오.

Grazie. arrivederci!

그라찌에 아리베데르치

파마	la permanente	라 뻬르마넨떼
머리 염색하다	tingere i capelli	띤제레 이 까뻴리
짧은(긴)	corto(lungo)	꼬르또(룽고)
머리를 세팅하다	fare la messa in piega	파레 라 멧사 인 삐에가
머리를 빗다	pettinare	뻿띠나레

이발을 하고 싶습니다.

Voglio farmi tagliare i capelli.

볼리오 파르미 딸리아레 이 까뻴리.

너무 짧게 자르지 마십시오.

Non me li tagli troppo corti, per favore!

논 메 리 딸리 뜨롭뽀 꼬르띠 뻬르 파보레

가운데 가르마를 만들어 주십시오.

Me li divida nel mezzo!

메 리 디비다 넬 멧쪼

콧수염을 그대로 놔두세요.

Lasci stare i baffi!

라쉬 스따레 이 밥피

머리기름을 좀 발라 주세요.

Voglio un po' di pomata.

볼리오 운 뽀 디 뽀마따

사진관

이탈리아에서는 필름을 <film>으로 표기한다. 그러나 <film>에는 〈영화〉라는 의미가 포함되어 있기 때문에 보다 세분하여 사진기용 필름을 <rullino>라고 쓴다.

컬러 필름 2통 주세요.

Mi dia due rullini a colori!

미 디아 두에 룰리니 아 꼴로리

몇 장 짜리를 원하세요?

Di quante pose li vuole?

디 꽌떼 뽀세 리 부올레

36장 짜리를 주세요.

Di trentasei(36) pose, per favore!

디 뜨렌따 세이 뽀세 뻬르 파보레

여기 있습니다.

Ecco a Lei!

엑꼬 아 레이

얼마 입니까?

Quanto costano?

꽌또 꼬스따노

필름	il rullino	일 룰리노
셔터	lo scatto	로 스깟또
현상하다	sviluppare	스빌룹빠레
사진	la fotografia	라 포또그라피아
기꺼이	con piacere	꼰 삐아체레

10.30유로 입니다.

Cento euro e trenta centesimi.

첸토 에우로 이 트렌따 첸테시미

그리고 이 필름 현상해 주시겠습니까?

In più, potrebbe svilupparmi questo rullino?

인 삐우 뽀뜨렙베 스빌룹빠르미 꿰스또 룰리노

기꺼이 해드리겠습니다.

Con piacere!

꼰 삐아체레

한 장당 인화비가 얼마입니까?

Quanto costa la stampa di una fotografia?

꽌또 꼬스따 라 스땀빠 디 우나 포또그라피아

한 장당 20센트 입니다.

Venti centesimi l'una.

벤티 첸테시미 루나

인화	la stampa	라 스땀빠
~후에	fra	프라
확대	l'ingrandimento	린그란디멘또
사진촬영금지	vietato fotografare	비에따또 포또그라파레
플레쉬 사용금지	non usare il flash	논 우사레 일 플레쉬

며칠 후에 찾으러 올까요?

Quando posso passare a ritirarle?

꽌도 뽀쏘 빳사레 아 리띠라를레

나흘 후에 오십시오.

Venga fra quattro(4) giorni!

벵가 프라 꽈뜨로 죠르니

나흘 후에 뵙겠습니다.

Arrivederci fra quattro giorni!

아리베데르치 프라 꽈뜨로 죠르니

안녕히 가십시오. 감사합니다.

Arrivederci! Grazie!

아리베데르치 그라찌에

이 사진을 확대해 주십시오.

Mi faccia l'ingrandimento di questa fotografia!

미 팟치아 린그란디멘또 디 퀘스따 포또그라피아

사진기	la macchina fotografica	라 막끼나 포또그라피까
고장	il guasto	일 구아스또
수리하다	riparare	리빠라레
명함	il biglietto da visita	일 빌리엣또 다 비지따
상반신, 흉부	il busto	일 부스또

제 사진기가 고장입니다.

La mia macchina fotografica ha un guasto.

라 미아 막끼나 포또그라피카 아 운 구아스또

수리해주시겠습니까?

Può ripararmela?

뿌오 리빠라르멜라

사진을 찍고 싶습니다.

Vorrei farmi fotografare.

보레이 파르미 포또그라파레

명함판으로 찍고 싶습니다.

Desidero una fotografia in formato "biglietto da visita".

데지데로 우나 포또그라피아 인 포르마또 빌리엣또 다 비지따

반 명함판으로 찍고 싶습니다.

Desidero una fotografia a mezzo busto.

데지데로 우나 포또그라피아 아 멧쪼 부스또

은행

모든 환전은 은행에서 하는 것이 유리하다. 이탈리아의 환율은 은행마다, 환전소마다 다르다. 그러나 시내 중심부의 은행은 대체로 양호한 편이므로 은행을 이용하는 것이 모든 면에서 편리하다.

실례합니다. 오늘 달러 시세가 어떻습니까?

Scusi, qual è il cambio del dollaro oggi?

스쿠지 꽐 레 일 깜비오 델 돌라로 옷지

1 달러당 0.8유로 입니다.

È di zero virgola otto euro per un dollaro.

에 디 제로 비르골라 오또 에우로 뻬르 운 돌라로

여행자 수표를 환전해 주시겠습니까?

Scusi, potrebbe cambiarmi questo traveller's cheque?

스쿠지 뽀뜨렙베 깜비아르미 꿰스또 트레블러스 체크

물론입니다. 10번 창구로 가십시오.

Certamente, ma deve andare allo sportello 10.

체르따멘떼 마 데베 안다레 알로 스뽀르뗄로 디에치

여권을 보여주십시오.

Mi dia il passaporto, per favore!

미 디아 일 빳사뽀르또 뻬르 파보레

달러	il dollaro	일 돌라로
시세	la quotazione	라 꿔따찌오네
환전하다	cambiare	깜비아레
1달러당	per un dollaro	뻬르 운 돌라로

달러화의 환율을 알고 싶습니다.

Vorrei sapere a quanto sta il dollaro.

보레이 싸뻬레 아 꽌또 스따 일 돌라로

오늘 시세는 0.8유로 입니다.

Oggi la quotazione è zero virgola otto un dollaro.

옷지 라 꿔따찌오네 에 제로 비르골라 오또 에우로 페르 운 돌라로

높군요! 여하튼 500유로를 환전하고 싶습니다.

È alta! In ogni modo vorrei cambiare cinquecento euro.

에 알따 인 온니 모도 보레이 깜비아레 친퀘첸또 에우로

실례지만 여권을 보여주시겠습니까?

Mi dà il passaporto per favore?

미 다 일 빳싸뽀르또 뻬르 파보레

여기 있습니다.

Ecco a Lei!

엑꼬 아 레이

여권	il passaporto	일 빳싸뽀르또
창구	lo sportello	로 스뽀르뗄로
은행	la banca	라 방까
예금하다	depositare del denaro	데뽀지따레 델 데나로
인출하다	ritirare del denaro	리띠라레 델 데나로

외화로 바꾸고 싶습니다.

Vorrei cambiare della valuta estera.

보레이 깜비아레 델라 발루따 에스떼라

미국 달러를 유로로 바꾸고 싶습니다.

Vorrei cambiare questi dollari americani in euro.

보레이 깜비아레 꿰스띠 돌라리 아메리까니 인 에우로

오늘 교환시세가 어떻습니까?

Com'è il cambio di oggi?

꼬메 일 깜비오 디 옷지

이 은행에 예금하고 싶습니다.

Desidero depositare del denaro presso la vostra banca.

데지데로 데뽀지따레 델 데나로 쁘렛소 라 보스뜨라 방까

돈을 인출하고 싶습니다.

Vorrei ritirare del denaro.

보레이 리띠라레 델 데나로

이탈리아의 은행

이탈리아에서는 다른 서유럽 국가들과 마찬가지로 여러 장소에서 환전을 해 준다. 일반적으로 역, 공항, 호텔, 은행, 우체국 등지에서 환전을 해주나 환율 및 수수료가 조금씩 다르므로 되도록이면 가장 환전율이 높고 수수료가 싼 은행을 이용하는 것이 좋다. 여행자 수표는 만국 공용어인 <Traveller's cheque(T/C)>라는 용어가 그대로 통용된다. 그리고 같은 서유럽의 통화나 硬貨들(예컨데 독일 마르크, 프랑스 프랑, 네덜란드 길더, 영국 파운드, 미국 달러, 일본 엔, ...)은 현금 자동 교환기에서 자동 환전이 된다. 반드시 그런 것은 아니지만 이탈리아인들은 현금을 좋아하기 때문에 여행자 수표가 현금보다 환전율이 꼭 유리하지만은 않다.

유의할 점은 미국 달러가 대체로 유럽에서는 약세라는 사실이다. 현재 우리나라 은행에서 유로화를 취급하고 있기 때문에 유로화를 소지하는 것이 좋다. 특히 여름 관광철에는 달러화의 하락이 예외가 없었다.

지폐를 <bilgietto(빌리엣또)>라고 하고 동전을 <moneta(모네따)>라고 한다.

바(Bar)

이탈리아에는 다른 유럽에서와는 달리 술집을 찾기가 어렵다. '바(bar)' 라고 불리우는 간이 식당에서 간단한 식사와 음료 그리고 와인이나 맥주등을 친구들과 마시는 것이 고작이다. '바' 의 종류도 여러 가진데 <tavola calda 따볼라 깔다>는 음식을 데워주는 곳이고, <tavola fredda 따볼라 프렛다>는 음식을 차게 먹는 곳이다.

오늘 내가 낼께. 뭐 먹을래?

Oggi offro io. Che cosa prendete?

옷지 옵프로 이오 께 꼬사 쁘렌데떼

고마워, 난 맥주 마실께.

Per me una birra, grazie!

뻬르 메 우나 비라 그라찌에

난 진한 커피.

Per me un caffè ristretto

뻬르 메 운 깝페 리스뜨렛또

난 밀크 커피.

Per me un caffellatte

뻬르 메 운 카페라테

민수야 넌 뭐 마실래?

E tu Minsoo, che cosa bevi?

에 뚜 민수 께 꼬사 베비

118-119

제공하다, 내다	offrire	옵프리레
커피 마시다	prendere un caffé	쁘렌데레 운 깝페
더운(찬)	caldo(freddo)	깔도(프렛도)
맥주	la birra	라 비라
주문하다	ordinare	오르디나레

난 차가운 茶마실께.

Per me un tè freddo!

빼르 메 운 떼 프렛도

종업원!

Cameriere!

까메리에레

뭘 주문하시겠습니까?

Che cosa ordinate?

께 꼬사 오르디나떼

맥주 두잔, 진한 커피 한잔, 차가운 차한잔 부탁합니다.
Allora...due birre, un caffè ristretto e un tè freddo!
알로라 두에 비레 운 깝페 리스뜨렛또 에 운 떼 프렛도

계산대에서 영수증을 끊으십시오.

Lo scontrino alla cassa, prego!

로 스꼰뜨리노 알라 깟사 쁘레고

종업원(남)	il cameriere	일 까메리에레
영수증	lo scontrino	로 스꼰뜨리노
계산대	la cassa	라 깟사
설탕	lo zucchero	로 죽께로
선호하다	preferire	쁘레페리레

너 뭐 먹을래?

Che cosa prendi tu?

께 꼬사 쁘렌디 뚜

뭐 드시겠습니까?

Che cosa prende Lei?

께 꼬사 쁘렌데 레이

차가운 차를 마시겠습니까? 뜨거운 차를 마시겠습니까?

Preferisce il tè freddo o il tè caldo?

쁘레페리쉐 일 떼 프렛도 오 일 떼 깔도

뜨거운 차를 마시겠습니다.

Preferisco il tè caldo.

쁘레페리스코 일 떼 깔도

저는 설탕을 넣지 않은 커피를 원합니다.

Prendo un caffè senza zucchero.

쁘렌도 운 깝페 센자 죽께로

120-121

무언가	qualcosa	꽐꼬사
기꺼이	volentieri	볼렌띠에리
마시다	bere	베레
유리컵	il bicchiere	일 빗끼에레
찻잔	la tazza	라 땃짜

Laura: 안녕, Kim!

Ciao, Kim!

차오 김

Kim: 안녕, 라우라!

Salve, Laura!

살베 라우라

Laura: 뭐 먹을래?

Prendi qualcosa?

쁘렌디 꽐꼬사

Kim: 그래, 기꺼이!

Volentieri!

볼렌띠에리

Laura: 커피 마실래?

Ti va un caffè?

띠 바 운 깝페

주말 여행

이탈리아에 장기간 체류시 자동차를 렌트하거나 버스로 주말 여행을 해보는 것은 색다른 경험이 될 것이다. 버스는 아직 이탈리아적인 것이 남아 있는 작은 마을이나 시골길을 달리므로 기차여행이나 항공기 여행과는 다른 흥취를 자아낸다. 버스 터

안녕, 토요일에 좋은 계획없어?

Ciao, che fai di bello sabato?

챠오 께 파이 디 벨로 사바또

김선생과 바다에 갈건데.

Andrò al mare con il signor Kim.

안드로 알 마레 꼰 일 시뇨르 김

몇시에 출발하지?

A che ora partirete?

아 께 오라 빠르띠레떼

아침 여섯시에 갔다가 저녁때 돌아올거야.

Alle sei di mattina e torneremo in serata.

알레 세이 디 맛띠나 에 또르네레모 인 세라따

일찍 (잠자리에서)일어나야겠는데!

Dovremo fare una levataccia!

도브레모 파레 우나 레바땃치아

122-123

미널에 출발 30분 전에 도착해도 특별한 경우가 아니면 표를 구할 수 있다. 이탈리아의 고속도로(autostrada 아우또스뜨라다)는 독일의 아우토반에 비해 전혀 손색이 없을 만큼 잘 정비되어 있다. 다만 통행료가 좀 비싼 것이 흠이다. 대체로 고속도로상의 제한 속도는 1100cc 이상의 차가 시속 130km/h, 1100cc 미만의 차는 110km/h이다.

그래야 교통체증을 당하지 않지!

Ma così non troveremo molto traffico!

마 꼬지 논 뜨로베레모 몰또 뜨랏피꼬

해변에서 점심먹겠네?

Mangerete sulla spiaggia?

만제레떼 술라 스뻬앗지아

그래, 도시락을 싸 갈거야!

Sì, porteremo la colazione al sacco!

씨 뽀르떼레모 라 꼴라찌오네 알 삭꼬

넌 뭐 할건데?

Tu che farai?

뚜 께 파라이

특별한 일이 없어.

Niente di speciale!

니엔떼 디 스뻬치알레

토요일	il sabato	일 싸바또
바다에	al mare	알 마레
교통체증	il traffico	일 뜨랏피꼬
하루를 보내다	passare una giornata	빳싸레 우나 죠르나따
고속도로	l'autostrada	라우또스뜨라다

우리와 함께 간다면 좋은 하루가 될텐데!

Se verrai con noi, passerai una bella giornata!

세 베라이 꼰 노이 빳세라이 우나 벨라 죠르나따

생각해 볼께. 초대해줘서 고마워.

Ci penserò. Grazie dell' invito!

치 뻰세로 그라찌에 델 린비또

천만에, 안녕!

Prego, ci vediamo!

쁘레고 치 베디아모

곧 만나자.

Ci vediamo!

치 베디아모

그래, 좋은 하루가 되길 바래.

D'accordo. Buona giornata!

닥꼬르도 부오나 죠르나따

쇼핑

- 주의사항 한마디
- 남성용품 가게에서
- 여성의류
- 기타표현
- 신발가게
- 기타표현
- 백화점

주의사항 한마디

이탈리아에서의 쇼핑은 크게 보아 두 장소에서 할 수 있다. 즉 백화점이라고 번역할 수 있는 Grandi magazzini (그란디 마갓찌니)와 일반 가게(negozio: 네고찌오)에서 할 수 있다. 우리나라와는 달리 이탈리아 백화점은 고급스러운 물건이나 고가품은 팔지 않고 서민용의 중저가품을 주로 판다. 대체로 고급스러운 고가품은 전문 가게가 몰려있는 블럭(혹은 거리)에서 주로 살 수 있다. 이탈리아에서는 다른 유럽의 나라들과 마찬가지로 신용카드가 쉽게 통용된다. 현금보다는 신용카드가 안전하고 환전에 따르는 커미션을 지불하지 않아도 되므로 훨씬 편리하다.

되도록이면 관광 가이드가 안내하는 가게에서는 물건을 사지 않는 것이 좋다. 값이나 품질 면에서 조악한 경우가 많다. 한나절 쯤 시간을 내어 유명한 쇼핑 거리로 나가보는 것도 즐거운 추억일 것이다. 의외로 싼 값에 훌륭한 브랜드의 물건을 고를 수 있다. 바가지 상혼은 옛 말이고 이제 이탈리아의 거의 모든 가게는 정찰제로 물건을 팔고 있다. 대체로 쇼윈도에 전시된 물건에 값을 명시하고 있어서 문 밖에서도 물건 값을 알 수 있다. 그러나 마음씨 좋은 가게 주인이 약간의 할인을 해 주기도 하나 그 차액은 미미하다.

남성용품 가게에서

이탈리아산 넥타이의 품질과 색감은 세계가 인정하고 있다. 의외로 싼값에 훌륭한 넥타이를 고를 수 있다. 우리나라 넥타이 값이 터무니 없이 비싸다는 것도 알게 될 것이다.

무엇을 원하십니까?

Che cosa desidera?

께 꼬사 데지데라

넥타이를 사고 싶군요.

Vorrei una cravatta.

보레이 우나 크라밧따

이 넥타이는 어떻습니까?
Come è questa cravatta?
혹은 Le piace questa cravatta?
꼬메 에 퀘스따 크라밧따 레 삐아체 퀘스따 크라밧따

이런 디자인이 유행입니다.

Questo disegno è di moda.

퀘스또 디세뇨 에 디 모다

이것을 고르겠습니다.

Prenderò questa.

쁘렌데로 퀘스따

넥타이	la cravatta	라 크라밧따
사다	comprare	꼼쁘라레
유행하다	essere di moda	엣세레 디 모다
고르다	scegliere; prendere	쉘리에레; 쁘렌데레
디자인	il disegno	일 디세뇨

값이 얼마입니까?

Quanto costa?

꽌또　　꼬스따

또 다른 것을 원하십니까?

Desidera qualcos'altro?

데시데라　　꽐꼬잘뜨로

와이셔츠를 사고 싶습니다.

Vorrei una camicia bianca.

보레이　우나　까미치아　비앙까

목 사이즈가 어떻게 됩니까?

Che taglia porta?

께　　딸리아　뽀르따

42입니다.

La quarantadue.

라 꽈란따 두에

할인하다	fare uno sconto	파레 우노 스꼰토
정찰제	il prezzo fisso	일 쁘렛쪼 핏소
와이셔츠	la camicia bianca	라 까미치아 비안까
포장하다(종이로)	incartare	인까르따레
값이 싼	a buon mercato	아 부온 메르까또

보다 싼 것을 사고 싶습니다.

Vorrei quella più a buon mercato.

보레이 뀔라 삐우 아 부온 메르까또

할인을 부탁합니다.

Mi potete fare un piccolo sconto?

미 뽀떼떼 파레 운 삑꼴로 스꼰또

우리는 정찰제로 팔고 있습니다.

Abbiamo prezzi fissi.

압비아모 쁘렛찌 핏시

정가대로 사겠습니다.

La prendo.

라 프렌도

포장을 해 주십시오.

Mi fa un pacchetto per piacere!

미 파 운 빡껫또 뻬르 삐아체레

여성의류

신체치수는 유럽, 미국식으로 세분화되어 있기 때문에 미국 사이즈를 생각하고 고르면 대체로 실수가 없다.

어서 오세요. 무엇을 도와 드릴까요?

Prego. Le serve qualcosa?

쁘레고 레 세르베 꽐꼬사

상의 한 벌을 사고 싶군요.

Vorrei comprare una giacca.

보레이 꼼쁘라레 우나 지악까

이 모델 어떠세요?

Come Le sembra questo modello?

꼬메 레 셈브라 꿰스또 모델로

색깔이 마음에 들지 않습니다.

Non mi piace il colore.

논 미 삐아체 일 꼴로레

같은 모델로 다른 색깔은 없습니까?

Non ne avete altri colori?

논 네 아베떼 알뜨리 꼴로리

상의	la giacca	라 지악까
치마	la gonna	라 곤나
바지	i pantaloni	이 빤딸로니
블라우스	la camicetta	라 까미쳇따
모자	il cappello	일 깝뻴로

이것은 어떠세요?

Come Le sembra questa?

꼬메 레 셈브라 꿰스따

이게 좋은 것 같군요.

Mi sembra che questa vada bene.

미 셈브라 께 꿰스따 바다 베네

입어 보아도 될까요?

Posso provarla?

뽀쏘 쁘로바를라

물론입니다. 탈의실로 가세요.

Certo! Si accomodi nella cabina di prova!

체르또 씨 악꼬모디 넬라 까비나 디 쁘로바

아주 좋군요.

Mi sta benissimo!

미 스따 베닛시모

입어보다	provare	쁘로바레
치수, 사이즈	la taglia	라 딸리아
스카프	la sciarpa	라 샤르빠
장갑	i guanti	이 관띠
야회복	l'abito da sera	라비또 다 쎄라

얼마입니까?

Qual è il prezzo?

꽐레 일 쁘렛쪼

160유로 입니다.

Centosessanta euro, signore.

첸토세산타 에우로 시뇨레

할인이 안됩니까?

Non potrebbe farmi un po' di sconto?

논 뽀뜨렙베 파르미 운 뽀 디 스꼰또

죄송합니다만 정찰제 입니다.

Mi dispiace, ma sono prezzi fissi.

미 디스뻬아체 마 쏘노 쁘렛찌 핏씨

고맙습니다. 안녕히 가세요.

Grazie! ArrivederLa!

그라찌에 아리베데를라

더 좋은 제품이 없습니까?

Non ne avete qualcuno migliore?

논 네 아베떼 꽐꾸노 밀리오레

조금 비싸군요. 더 저렴한 제품이 없습니까?

È caro, non ne avete qualcuno più a buon mercato?

에 까로 논 네 아베떼 꽐꾸노 삐우 아 부온 메르까또

잘 맞지 않습니다.

Non mi sta bene!

논 미 스따 베네

조금 작습니다.

È un po' piccolo!

에 운 뽀 삑꼴로

조금 큽니다.

È un po' grande!

에 운 뽀 그란데

신발가게

이탈리아의 신발은 세계적으로 유명하다. 정장용 구두는 물론 케주얼, 스포츠 신발도 값도 저렴하고 모양도 뛰어나다. 근자에는 동양(한국, 일본, 홍콩)의 관광객이 늘어나는 관계로 사이즈도 동양인들에게 맞는 것들도 구비해 놓고 있다.

어서오세요. 무엇을 도와드릴까요?

Buon giorno! Dica signore!

부온　쵸르노　디까　시뇨레

구두 한 켤레를 사고 싶습니다.

Vorrei un paio di scarpe.

보레이　운　빠이오 디 스까르뻬

어떤 구두를 원하십니까?

Quali scarpe desidera?

꽐리　스까르뻬　데시데라

검정색 구두를 원합니다.

Vorrei quelle nere.

보레이　뀔레　네레

예, 알겠습니다. 이쪽으로 오십시오.

Benissimo, venga qui signore!

베닛시모　벵가　뀌　씨뇨레

구두 한 켤레	un paio di scarpe	운 빠이오 디 스까르뻬
가죽 바닥	la suola di cuoio	라 수올라 디 꾸오이오
뒷굽	il tacco	일 딱꼬
피혁	la pelle	라 뻴레
보다	vedere	베데레

이 구두는 어떻습니까?

Le piacciono queste scarpe?

레 삐앗치오노 꿰스떼 스까르뻬

너무 크군요.

Queste sono troppo grandi!

꿰스떼 쏘노 뜨롭뽀 그란디

다른 것을 볼수 있을 까요?

Posso vederne altre?

뽀쏘 베데르네 알뜨레

이것은 어떻습니까?

Come sono queste?

꼬메 쏘노 꿰스떼

제게 잘 맞는 군요.

Queste mi vanno bene!

꿰스떼 미 반노 베네

신사화	le scarpe da uomo	레 스까르뻬 다 워모
부츠	gli stivali	리 스띠발리
비싼	caro	까로
품질	la qualità	라 꽐릿따
송아지가죽	la pelle di vitello	라 뻴레 디 비뗄로

얼마입니까?

Quanto costano?

꽌또 꼬스따노

점원: 12만 리라 입니다.

Centoventimila(120,000) lire.

첸또벤띠밀라 리레

손님: 너무 비쌉니다.

Sono troppo care.

쏘노 뜨롭보 까레

점원: 비싸지 않습니다.

Non sono care. Sono a buon mercato.

논 쏘노 까레 쏘노 아 부온 메르까또

좋은 가죽으로 만든 것입니다.

Queste sono fatte di pelle di buona qualità.

꿰스떼 쏘노 퐛떼 디 뻴레 디 부오나 꽐리따

동의하다	d'accordo	닥 꼬르도
가격	il prezzo	일 쁘렛쪼
할인	lo sconto	로 스꼰또
숙녀화	le scarpe da donna	레 스까르뻬 다 돈다
운동화	le scarpe da ginnastica	레 스까르뻬 다 진나스띠까

할인을 해 줄 수 없을까요?

Potrebbe farmi uno sconto?

뽀뜨렙베 파르미 우노 스꼰또

그렇다면 10% 할인을 해 드리겠습니다.

Allora, Le faccio il 10% di sconto.

알로라 레 팟치오 일 디에치 뻬르첸또 디 스꼰또

좋습니다. 그 가격에 사겠습니다.

D'accordo, le prendo.

닥꼬르도 레 쁘렌도

감사합니다.

Grazie, signore!

그라찌에 시뇨레

안녕히 가십시오.

ArriverLa!

아리베데를라

기타 표현

더 싸게 해줄 수 없다면 사지 않겠습니다.

Non le compro, se non mi fa uno sconto.

논 레 꼼쁘로 세 논 미 파 우노 스꼰또

이것은 최소한의 값입니다.

Questo è il prezzo minimo.

퀘스또 에 일 쁘렛조 미니모

한 켤레 값이 얼마입니까?

Quanto costa un paio?

꽌또 꼬스따 운 빠이오

이 구두를 수선하고 싶군요.

Vorrei riparare queste scarpe.

보레이 리빠라레 퀘스떼 스까르뻬

며칠이나 걸립니까?

Quanti giorni ci vogliono?

꽌띠 죠르니 치 볼리오노

백화점

이탈리아 백화점(Grandi Magazzini)은 우리나라와는 달리 고가품이나 귀중품을 팔지 않는 다소 대중적인 쇼핑센터이다. 백화점은 철저하게 정찰제로 운영되고 있으며 현금이외의 여러가지 지불수단이 다 통용되며 外貨도 교환된다.

어서 오세요, 무얼 도와드릴까요?

Prego! In che cosa posso servirLa?

뻬레고 인 께 꼬사 뽓소 세르비를라

구경할 수 있습니까?

Posso dare uno sguardo?

뽓소 다레 우노 스구아르도

물론 입니다.

Prego, signore!

뻬레고 시뇨레

친구들에게 줄 선물을 사고 싶군요.

Vorrei comprare qualche regalo per i miei amici.

보레이 꼼쁘라레 꽐께 레갈로 뻬르 이 미에이 아미치

이태리를 잘 나타내 주는 기념품이 없을까요?

Ha qualcosa di tipicamente italiano da consigliarmi?

아 꽐꼬사 디 띠삐까멘떼 이딸리아노 다 꼰실리아르미

다른 유럽의 나라들처럼 일년에 두차례 바겐세일이 있다. 주로 여름 휴가가 시작되는 즈음과 성탄절이 시작되기 2주일 전쯤에 할인 판매가 시작된다.

이건 어떠세요?

Come le sembra questo?

꼬메 레 셈브라 퀘스또

좋은 것 같군요.

Mi sembra che vada bene.

미 셈브라 께 바다 베네

얼마입니까?

Quanto costa?

꽌또 꼬스따

십만리라 입니다.

Centomila(100,000) lire.

첸또밀라 리레

너무 비싸군요.

È troppo caro.

에 뜨롭보 까로

구경하다	dare uno sguardo	다레 우노 스구아르도
선물	il regalo	일 레갈로
어떤것, 무언가	qualcosa	꽐꼬사
사다	comprare	꼼쁘라레
유감입니다	mi dispiace	미 디스삐아체

할인이 안됩니까?

Non potrebbe farmi un po' di sconto?

논 뽀뜨렙베 파르미 운 뽀 디 스꼰또

죄송합니다. 정찰제입니다.

Mi dispiace, ma i prezzi sono fissi.

미 디스삐아체 마 이 쁘렛찌 쏘노 핏시

알겠습니다. 사겠습니다.

Va bene! Lo prendo.

바 베네 로 쁘렌도

여기있습니다. 안녕히 가십시오.

Ecco a Lei! Arrivederci!

엑꼬 아 레이 아리베데르치

고맙습니다. 안녕히 계십시오.

Grazie! Arrivederci!

그라찌에 아리베데르치

142-143

우편 · 전화

- 주의사항 한마디
- 전화
- 우체국

주의사항 한마디

이탈리아의 공중전화는 거리 곳곳에 충분히 설치되어 있으며 요즘은 카드 전화가 일반화되고 있다. 오전 9시 부터 오후 5시 까지가 요금이 비싸고 밤이 깊을 수록 휴일일 수록 요금이 저렴하다. 되도록이면 호텔 객실에서 전화를 사용하지 않는 것이 좋다. 그 요금은 상상을 초월한다. 카드 판매는 신문이나 잡지 등을 파는 가판대나 <Tabacchi>라는 간판이 붙은 가게에서 판매한다. 카드는 모퉁이 한 곳을 점선으로부터 잘라내고 사용하도록 되어있다. collect call을 사용하는 것도 한 방법이다. 이탈리아에서 한국으로 전화를 걸 때는 00(이탈리아 국제전화 호출번호)-82(한국번호)-2(서울)-수신자전화번호 순으로 번호를 돌리면 된다.

대도시 중앙우체국 Posta Centrale는 월-금까지 영업을 한다. 업무시간은 08:00 - 14:00이다. 우표는 우체국이나 담배가게 <Tabacchi>에서 살 수 있다.

이탈리아에서는 <Air Mail>이 쓰여있지 않으면 해당 우표가 제대로 붙어 있어도 선편으로 취급하게 됨을 유의할 것. 항공 우편인 경우 한국까지 대략 7~10일 정도 소요되고 선편인 경우 하계 바캉스 기간이 아닌 경우 2개월정도, 바캉스 기간이 낀 경우 3개월 정도 소요된다.

144-145

전화

전화는 보이지 않는 상대와의 대화이므로 신중을 기해야 한다. 마주 보고 이야기할 때는 설혹 이해가 안되는 내용일 지라도 서로간의 눈짓이나 몸짓을 통해서 해결할 수 있으나 전화는 그렇지 못하다. 대충 이해한 상태에서 <sì>와 <no>를 선불리해서는 안된다.

여보세요

Pronto!

뻐론또

여보세요. 누구십니까?

Pronto! Con chi parlo?

뻐론또 꼰 끼 빠를로

김인철입니다.

Sono Kim In Chul.

쏘노 김 인 철

김선생이십니까? 저는 롯시 부인입니다.

Signor Kim? Sono la signora Rossi.

시뇨르 김 쏘노 라 시뇨라 롯시

롯시씨와 통화하고 싶군요.

Vorrei parlare con Suo marito, il signor Rossi.

보레이 빠를라레 꼰 수오 마리또 일 시뇨르 롯시

~와 이야기하다	parlare con	빠를라레 꼰
잠간 기다리세요	Un momento	운 모멘또
끊지 마세요	Tenga la comunicazione	뗑가 라 꼬무니까찌오네
그렇게 하세요	La prego	라 쁘레고
지역 번호	il prefisso	일 쁘레핏쏘

롯시씨 좀 바꿔주세요.

Potrebbe passarmi il signor Rossi?

뽀뜨렙베 빳사르미 일 시뇨르 롯시

집에 전화있습니까?

Ha il telefono in casa?

아 일 뗄레포노 인 까사

전화번호가 어떻게 됩니까?

Quel è il Suo numero di telefono?

꽐 레 일 수오 누메로 디 뗄레포노

통화중이다.

La linea è occupata. (il telefono è occupato.)

라 리네아 에 옥꾸빠따 (일 떼레포노 에 오꾸빠또)

전화가 고장났습니다.

Il telefono è fuori servizio.

일 데레포노 에 푸오리 세르비찌오

고장이나다	è fuori servizio	에 푸오리 세르빗치오
전화선	linea telefonica	리네아 뗄레포니까
바쁘다	è occupato	에 옥꾸빠또
혼란스럽다	è disturbato	에 디스뚜르바또
번호를 돌리다	formare un numero di telefono	포르마레 운 누메로 디 뗄레포노

이 전화는 고장이 났습니다.

Questo telefono è fuori servizio.

퀘스또 뗄레포노 에 푸오리 세르비찌오

전화가 혼선이 되었습니다.

La linea telefonica è disturbata.

라 리네아 뗄레포니카 에 디스뚜르바따

통화중 입니다.

La linea è occupata.

라 리네아 에 옥꾸빠따

통화중입니다.

Il telefono è occupato.

일 뗄레포노 에 옥꾸빠또

조금 후에 다시 걸겠습니다.

Fra poco, richiamo.

프라 뽀꼬 리끼아모

우체국

우편물 중에서 소포는 그 내용물과 크기 및 용량에 따라 운송료가 결정되며 포장도 규격대로 해야한다. 따라서 부피가 큰 물건이거나 갯수가 여럿일 경우 미리 우체국이나 호텔 프론트에 문의해 보는 것이 좋다.

이 편지를 서울로 부치고 싶습니다.

Voglio spedire questa lettera a Seoul.

볼리오 스뻬디레 꿰스따 렛떼라 아 서울

얼마짜리 우표를 붙여야 합니까?

Quanti francobolli devo mettere?

꽌띠 프랑코볼리 데보 멧떼레

1유로 입니다.

un euro.

운 에우로

우표를 주시겠습니까?

Può darmi i francobolli?

뿌오 다르미 이 프랑코볼리

여기 있습니다.

Ecco a Lei!

엑꼬 아 레이

148-149

발송하다	spedire	스뻬디레
우표	il francobollo	일 프랑꼬볼로
한 자당	a parola	아 빠롤라
주소	l'indirizzo	린디릿쪼
이메일	e-mail	이메일

이메일 보내고 싶습니다.

Vorrei mandare un e-mail.

보레이 만다레 운 이메일

저 컴퓨터를 이용하세요.

Usi quel computer!

우시 퀠 컴퓨터

감사합니다.

Grazie mille!

그라찌에 밀레

등기우편	la raccomandata	라 락꼬만다따
속달	l'espresso	레스쁘렛쏘
편지	la lettera	라 렛떼라
우체국	l'ufficio postale	루핏치오 뽀스딸레
가까운	vicino	비치노

이 편지를 등기로 보내고 싶습니다.

Vorrei spedire questa lettera per raccomandata.

보레이 스뻬디레 꿰스따 렛떼라 뻬르 락꼬만다따

이 편지를 속달로 부치고 싶습니다.

Vorrei spedire questa lettera per posta prioriteria.

보레이 스뻬디레 꿰스따 렛떼레 뻬르 뽀스타 프리오리테리아

가장 가까운 우체국이 어디에 있습니까?

Dov'è l'ufficio postale più vicino?

도베 루핏치오 뽀스딸레 삐우 비치노

몇 시에 문을 엽니까?

A che ora apre?

아 께 오라 아쁘레

몇시에 문을 닫습니까?

A che ora chiude?

아 께 오라 끼우데

소포	il pacco	일 빡꼬
항공편으로	per via aerea	뻬르 비아 아에레아
문열다	aprire	아쁘리레
우체통	la buca delle lettere	라 부까 델레 레떼레
엽서	la cartolina	라 까르똘리나

우표를 어디서 살 수 있을 까요?

Dove posso comprare dei francobolli?

도베 뽀쏘 꼼쁘라레 데이 프랑코볼리

이 소포를 서울까지 항공편으로 부치고 싶군요.

Vorrei spedire questo pacco a Seoul per via aerea.

보레이 스뻬디레 꿰스또 빡꼬 아 서울 뻬르 비아 아에레아

얼마만에 이 소포가 도착할까요?

In quanto tempo arriva questo pacco?

인 꽌또 뗌뽀 아리바 꿰스또 빡꼬

1유로 우표를 10장 주십시오.

Desidero dieci francobolli da un euro.

데지데로 디에치 프랑코볼리 다 운 에우로

이 소포는 어머니께 보내는 선물입니다.

Questo è un regalo per mia mamma.

꿰스또 에 운 레갈로 뻬르 미아 맘마

152-153

사고 · 문제가 생겼을 때

- 주의사항 한마디
- 병원
- 지갑이나 여권을 분실하였을 경우

주의사항 한마디

여행 중 가장 큰 사고는 여권 분실과 짐을 도난 당한 경우 일 것이다. 만일 여권을 잃어버렸다면 곧바로 재외공관(한국 대사관)으로 가서 재발급 수속을 해야한다. 여권 재발급 수속에 필요한 준비물로는 사진 2장, 현지 경찰이 발행하는 여권분실 증명서, 여권번호와 발행 연월일이다. 따라서 항상 여권 사본을 따로 준비해두는 것이 중요하다.

이탈리아 관광지에는 관광객의 짐이나 주머니를 노리는 집시들이 많다. 그들 중에는 여권을 집중적으로 훔쳐서 이를 불법 단체에 판매하는 조직이 있다. 혹시 사복경찰임을 내세우면서 여권검사를 내세우며 여권제시를 요청해도 여기에 응해서는 안된다. 공공 건물이나 호텔, 은행, 공항 이외에는 여권제시를 요청할 수 없기 때문이다. 그들은 십중팔구 여권위조범들이거나 집시일 가능성이 크다. 여권을 잃으면 여행은 그것으로 끝임을 명심해야 한다.

여행중 짐을 도난당하거나 잃어버렸다면 찾기를 포기하는 편이 낫다. 이탈리아에서 도난당한 짐을 찾은 예가 거의 없기 때문이다. 따라서 현금은 분산보관하고 신용카드를 소지하는 것이 좋다. 여행자 수표는 현지 경찰서가 발행하는 분실증명서와 여권, 수표발행 증명서만 있으면 재발급 받을 수 있으므로 되도록이면 현금 보다는 여행자 수표를 사용하도록 한다.

여행중 감기나 설사같은 가벼운 질병은 가까운 약국(Farmacia)에 가서 약을 복용하고 하루 쯤 푹쉬는 것이 좋다. 현명한 여행객이라면 출발전에 상비약 정도는 준비할 것이다.

병원

이탈리아는 의료보험이 완벽하게 적용되는 나라이기 때문에 보험증이 없는 외국 관광객이나 비자가 없는 단기 체류자가 병원을 이용하기란 대단히 어렵다. 그러나 위급한 응급의 경우는 병원을 이용할 수 있다. 가벼운 감기 증상은 약국(Farmacia)에서 해결할 수 있다.

어디가 불편하십니까?

Sta male? Cos'ha?

스따 말레 꼬사

감기에 걸렸습니다.

Penso di aver l'influenza.

뻰소 디 아베르 린플루엔자

저런! 의사에게 진찰을 받으셨나요?

Mi dispiace! Ha già consultato un dottore?

미 디스삐아체 아 지아 꼰술따또 운 돗또레

아직 안받았습니다.

No, non ancora.

노 논 앙꼬라

어서 의사에게 가 보는 것이 좋을 겁니다.

Penso che sarebbe bene consultarlo subito.

뻰소 께 사렙베 베네 꼰술따를로 수비또

배가 아프다	avere mal di stomaco	아베레 말 디 스또마꼬
기침	la tosse	라 똣세
약	la medicina	라 메디치나
처방	la ricetta	라 리쳇따
회복되다	guarire	구아리레

진찰을 받고 싶습니다.

Vorrei consultare un dottore.

보레이 꼰술따레 운 돗또레

영어를 할 줄 아는 의사가 있습니까?

C'è un dottore che parla inglese?

체 운 돗또레 께 빠를라 잉글레세

체온과 혈압은 정상입니다.

La temperatura e la pressione sono normali.

라 뗌뻬라뚜라 에 라 쁘렛시오네 쏘노 노르말리

처방을 해 주시겠습니까?

Mi può prescrivere una medicina?

미 뿌오 프레스크리베레 우나 메디치나

열이 있고 머리가 어지럽습니다.

Ho la febbre e mi gira un po' la testa.

오 라 펩브레 에 미 지라 운 뽀 라 떼스따

지갑이나 여권을 분실하였을 경우(경찰서에서)

이탈리아에서는 여권의 분실이 빈번하다. 시내 관광을 하는 중 경찰정복을 입은 사람외에는 절대로 여권을 건네주어서는 안된다. 집시들이 사복경찰을 사칭하는 수가 많기 때문이다. 여권을 분실한 경우는 즉시 경찰서에 신고해야 하며 로마 주재 한국 대사관 영사과에서 간이 여권을 발급 받아야 한다.

앉으세요! 무얼 도와드릴까요?

Si accomodi! Dica pure!

씨 악꼬모디 디까 뿌레

지갑을 잃어버렸습니다.

Ho perso il portafoglio.

오 뻬르소 일 포르따폴리오

돈이 많이 들어 있습니까?

C'erano molti soldi?

체라노 몰띠 솔디

200유로 정도 들어있습니다.

Duecento(200) euro.

두에첸토 에우로

신분증도 들어있습니까?

C'erano anche dei documenti?

체라노 앙께 데이 도꾸멘띠

분실하다	perdere	뻬르데레
신고	la denuncia	라 데눈치아
돈	i soldi	이 솔디
불행히도	purtroppo	뿌르뜨롭뽀
신청하다	richiedere	리끼에데레

예, 불행히도 여권이 들어있습니다.

Sì, purtroppo anche il passaporto!

씨 뿌르뜨롭뽀 앙께 일 빳사뽀르또

그렇다면 즉시 신고를 하셔야겠습니다.

Allora deve fare subito la denuncia.

알로라 데베 파레 수비또 라 데눈치아

신고를 할려면 무엇이 필요합니까?

Che cosa occorre per farla?

께 꼬사 옥꼬레 뻬르 파를라

1유로짜리 수입인지를 부착한 서류가 필요합니다.
Ci vuole un foglio di carta bollata da un euro.
치 부올레 운 폴리오 디 까르따 볼라따 다 운 에우로

그 다음은요?

E dopo?

에 도뽀

한국대사관	l'ambasciata della Corea	람바쉬아따 델라 꼬레아
영사관	il consolato	일 꼰솔라또
지갑	il portafoglio	일 뽀르따폴리오
여권	il passaporto	일 빠싸뽀르또
서류	il documento	일 도꾸멘또

그런 다음 당신 나라의 대사관에 가서 여권 사본을 신청하여야 합니다.

Dopo dovrà fare una richiesta di duplicato all'Ambasciata del Suo paese.

도뽀 도브라 파레 우나 리끼에스따 디 두쁠리까또 알람바쉬아따 델 수오 빠에세

지갑 잃어버린 것은 어떻게 합니까?

E per il portafoglio perso cosa devo fare?

에 뻬르 일 뽀르따폴리오 페르소 꼬사 데보 파레

시경으로 가보십시오.

Si rivolga ai Vigili Urbani!

씨 리볼가 아이 비질리 우르바니

고맙습니다. 매우 친절하시군요. 안녕히 계십시오.

Grazie, molto gentile! ArrivederLa!

그라찌에 몰또 젠띨레 아리베데를라

160-161

부록

- 기수/서수
- 학교
- 세계의 국가 및 수도 그리고 국민(혹은 언어)
- 달력
- 요일 및 계절
- 시간표시
- 가족관계
- 이탈리아 개관
- 알아두어야 할 표지판
- 어휘

기수

1	uno	우노
2	due	두에
3	tre	뜨레
4	quattro	꽈뜨로
5	cinque	칭퀘
6	sei	세이
7	sette	셋떼
8	otto	옷또
9	nove	노베
10	dieci	디에치
11	undici	운디치
12	dodici	도디치
13	tredici	뜨레디치
14	quattordici	꽈또르디치
15	quindici	뀐디치
16	sedici	세디치
17	diciasette	디치아셋떼
18	diciotto	디치옷또
19	diciannove	디치안노베
20	venti	벤띠
21	ventuno	벤뚜노
22	ventidue	벤띠두에
23	ventitre	벤띠뜨레
24	ventiquattro	벤띠꽈뜨로

30 trenta 뜨렌따
31 trentuno 뜨렌뚜노
38 trentotto 뜨렌뚓또
40 quatranta 꽈란따
50 cinquanta 칭꽌따
60 sessanta 셋산따
70 settanta 셋딴따
80 ottanta 옷딴따
90 novanta 노반따
100 cento 첸또
200 duecento 두에첸또
300 trecento 뜨레첸또
1,000 mille 밀레
2,000 duemila 두에밀라
10,000 diecimila 디에치밀라
100,000 centomila 첸또밀라
백만 un milione 운 밀리오네
이백만 due milioni 두에 밀리오니
억 cento milioni 첸또 밀리오니
10억 un miliardo 운 밀리아르도

서수

첫번째 primo 쁘리모
두번째 secondo 세꼰도

세번째	terzo 떼르쪼
네번째	quarto 꽈르또
다섯번째	quinto 뀐또
여섯번째	sesto 세스또
일곱번째	settimo 셋띠모
여덟번째	ottavo 옷따보
아홉번째	nono 노노
열번째	decimo 데치모

학교

유치원	scuola materna 스꾸올라 마떼르나
초등학교	scuola elementare 스꾸올라 엘레멘따레
중학교	scuola media 스꾸올라 메디아
문과고등학교	liceo classico 리체오 끌랏시꼬
이과고등학교	liceo scientifico 리체오 쉬엔띠피꼬
사범학교	Istituto magistrale 이스띠뚜또 마지스뜨랄레
공업전문학교	Istituto tecnico 이스띠뚜또 떼끄니꼬
대학교	università 우니베르시따
박사과정	dottorato di ricera 돗또라또 디 리체르카

세계의 국가 및 수도 그리고 국민(혹은 언어)

국가	수도	국민(혹은 언어)	
Austria 아우스뜨리아	Vienna 비엔나	austriaco 아우스뜨리아꼬	오스트리아
Belgio 벨지오	Bruxelles 브루셀렉스	belga 벨가	벨기에
Cina 치나	Pechino 뻬끼노	cinese 치네제	중국
Egitto 에짓또	Cairo 까이로	egiziano 에지찌아노	이집트
Francia 프란치아	Parigi 빠리지	francese 프란체제	프랑스
Germania 제르마니아	Berlino 베를리노	tedesco 떼데스꼬	독일
Grecia 그레치아	Atene 아떼네	greco 그레꼬	그리스
Giappone 지압뽀네	Tokio 또끼오	giapponese 지압뽀네제	일본
Inghilterra 잉길떼라	Londra 론드라	inglese 잉글레제	영국

Italia 이딸리아	Roma 로마	italiano 이딸리아노	이태리
Norvegia 노르베지아	Oslo 오슬로	norvegese 노르베제세	노르웨이
Olanda 올란다	l'Aia 라이아	olandese 올란데제	네덜란드
Polania 뽈라니아	Varsavia 바르사비아	polacco 뽈락꼬	폴란드
Portogallo 뽀르또갈로	Lisbona 리스보나	portoghese 뽀르또게제	포르투갈
Russia 룻시아	Mosca 모스까	russo 룻소	러시아
Spagna 스빠냐	Madrid 마드리드	spagnolo 스빠뇰로	스페인
Stati Uniti 스따띠 우니띠	Washington 와싱톤	americano 아메리까노	미국
Svezia 스베지아	Stoccoloma 스똑꼴로마	svedese 스베데제	스웨덴
Svizzera 스빗쩨라	Berna 베르나	svizzero 스빗쩨로	스위스

Turchia 뚜르끼아	Ankara 앙까라	turco 뚜르꼬	터키
Corea 꼬레아	Seul 세울	coreano 꼬레아노	한국

달력

1월	gennaio 젠나이오
2월	febbraio 펩브라이오
3월	marzo 마르쪼
4월	aprile 아쁘릴레
5월	maggio 맛지오
6월	giugno 지우뇨
7월	luglio 룰리오
8월	agosto 아고스또
9월	settembre 셋뗌브레
10월	ottobre 옷또브레
11월	novembre 노벰브레
12월	dicembre 디쳄브레

요일 및 계절

월요일	lunedì 루네디
화요일	martedì 마르떼디
수요일	mercoledì 메르꼴레디
목요일	giovedì 죠베디
금요일	venerdì 베네르디
토요일	sabato 사바또
일요일	domenica 도메니까

봄	primavera 쁘리마베라
여름	estate 에스따떼
가을	autunno 아우뚠노
겨울	inverno 인베르노

시간 표시

삼일전	tre giorni fa 뜨레 지오르니 파
그저께	l'altro ieri 랄뜨로 이에리
어제	ieri 이에리
오늘	oggi 옷지
내일	domani 도마니
모레	dopodomani 돕뽀도마니
아침	mattina 맛띠나
오후	pomeriggio 뽀메릿지오

저녁	sera 세라
밤	notte 놋떼

가족관계

아버지	padre 빠드레
어머니	madre 마드레
할아버지	nonno 논노
할머니	nonna 논나
아들	figlio 필리오
딸	figlia 필리아
남자형제	fratello 프라뗄로
여자형제	sorella 소렐라
숙부	zio 찌오
숙모	zia 찌아
조카, 손자	nipote 니뽀떼
남편	marito 마리또
아내	moglie 몰리에
시아버지,장인	suocero 수오체로
시어머니,장모	suocera 수오체라
며느리	nuora 누오라
사위	genero 제네로
시동생, 매제, 처남, 남자동서	cognato 꼬냐또
시누이, 형수, 제수, 여자동서	cognata 꼬냐따

이탈리아 개관

- 면적: 30.12만 ㎢(한반도의 1.5배)
- 인구: 5,770만명
- 수도: 로마(인구 370만)
- 정체: 민주공화제
- 정부형태: 내각 책임제
- 의회: 양원제
- 상원: 315명(임기 5년)
- 하원: 630명(임기 5년)

- 1인당 소득: 20,000 달러(1993년 기준)
- 기후: 전국적으로 온화한 기후
- 봄, 가을: 15 ~ 20℃
- 여름: 27 ~ 32℃(건기)
- 겨울: 2 ~ 12℃(우기)

- 공휴일: 1. 1일(신정)
  1. 6일(주현절)
  부활절
  4. 25일(해방기념일)
  5. 1일(노동절)
  6. 29일(베드로 기념일)
  8. 15일(성모 승천일)
  11. 1일(제성절)

12. 8일(성모수태일)
12. 25일(성탄절)
12. 26일(스테파노 축일)

○ 서울과의 시차:
하계(3월말 ~ 9월 말) 7시간(서울이 빠름)
동계(9월 말 ~ 3월말) 8시간(서울이 빠름)

○ 가전제품 볼테지, 사이클: 220V 및 50hz

○ 식수: 호텔 및 가정의 수도물은 석회분이 있어 식수에 부적당하나 장기간 복용일 아닐 경우 인체에 큰 해는 없음. 물을 받아놓고 1시간 동안 침전시킨 후 마시면 아무런 해가 없음.

○ 생수: 여러 종류의 생수를 판매하고 있음. 가스있는 물이 있으므로 구입시 가스 없는 물(Acqua senza gas 악꽈 센자 가스)를 확인 할 것.

기억해 두어야 할 표지판

입구	Entrata	엔뜨라따
출구	Uscita	우쉬따
영업중	Aperto	아뻬르또
휴업중	Chiuso	끼우소

미시오	Spingere 스삔제레
당기시오	Tirare 띠라레
남성용	Uomo 우오모
여성용	Donna 돈나
비어있음	Vacante 바깐떼
사용중	Occupato 옥꾸빠또
출발	Partenza 빠르뗀자
도착	Arrivo 아리보
매표소	Biglietteria 빌리엣떼리아
고장	Guasto 구아스또
사용불능	Fuori Servizio 푸오리 세르비찌오
위험	Pericolo 뻬리꼴로
경고	Avvertimento 아베르띠멘또
출입금지	Divieto d'accesso 디비에또 닷쳇소
촬영금지	Vietato fotografare 비에따또 포또그라파레
플래시사용 금지	Non usare il flash 논 우사레 일 플라쉬

어휘

<기본어휘>

공휴일	giorno festivo 죠르노 페스띠보
평일	giorno feriale 죠르노 페리알레
금년	quest'anno 퀘스딴노
내년	anno prossimo 안노 쁘롯시모
달	mese 메제
매년	annuale 안누알레
오늘	oggi 옷지
내일	domani 도마니
어제	ieri 이에리
모레	dopodomani 도뽀도마니
그저께	l'altro ieri 랄뜨로 이에리
밤	notte 놋떼
分	minuto 미누또
초	secondo 세꼰도
새벽	alba 알바
석양	tramonto 뜨라몬또
황혼	crepuscolo 끄레뿌스꼴로
월말	fine del mese 피네 델 메제
월초	inizio del mese 이니지오 델 메제
저녁	sera 세라
정오	mezzogiorno 멧쪼죠르노
자정	mezzanotte 멧짜놋데

<날씨에 관한 어휘>

건조	secco 섹꼬
구름	nuvola 누볼라
기후	clima 끌리마
눈	neve 네베
눈보라	tormenta 또르멘따
추운	freddo 프렛도
더운	caldo 깔도
맑은	sereno 세레노
무지개	arcobaleno 아르꼬발레노
별	stella 스뗄라
별이 많은	stellato 스뗄라또
비	pioggia 삐옷지아
빗방울	goccia di pioggia 곳치아 디 삐옷지아
서리	brina 브리나
소나기	acquazzone 악꾸앗쪼네
습한	umido 우미도
안개	nebbia 넵비아
얼음	ghiaccio 기앗치오
아이스크림	gelato 젤라또
零上	sopra zero 소쁘라 제로
零下	sotto zero 솟또 제로
온도	temperatura 뗌뻬라뚜라
온화한	temperato 뗌뻬라또
우박	grandine 그란디네

이슬 rugiada 루지아다
진눈깨비 nevischio 네비스끼오
천둥 tuono 뚜오노
태양광선 luce solare 루체 솔라레
폭풍 tempesta 뗌뻬스따
혹한 gelo 젤로

<손님초대에 관한 어휘>

꽃다발 mazzo di fiori 맛쪼 디 피오리
명함 biglietto da visita 빌리엣또 다 비지따
환대 accoglienza 악꼴리엔자
환영하는 gradito 그라디또
손님 ospite 오스삐떼
여주인 padrona di casa 빠드로나 디 까사
남자 주인 padrone di casa 빠드로네 디 까사
인사 saluto 살루또
접대 ospitalità 오스삐딸리따
초대 invito 인비또
초대를 거절하다 rifiutare l'invito 리피우따레 린비또
초대를 받아들이다 accettare l'invito 앗쳇따레 린비또
초대하다 invitare 인비따레

<교통에 관한 어휘>

쇼윈도우	vetrina 베뜨리나
가로등	lampione 람삐오네
보행자	pedone 뻬도네
버스정류장	fermata d'autobus 페르마따 다우또부스
신호등	semaforo 세마포로
화물차	furgone 푸르고네
일방통행	senso unico 센소 우니꼬
자동판매기	distributore automatico 디스뜨리부또레 아우또마띠꼬
주차금지	divieto di sosta 디비에또 디 소스따
통행금지	divieto di transito 디비에또 디 뜨란시또
人道	marciapiede 마르치아삐에데
횡단보도	strisce pedonali 스뜨리쉬에 뻬도날리
광장	piazza 삐앗짜
교통	traffico 뜨랏피꼬
교차로	incrocio 인끄로치오
버스노선	linea d'autobus 리네아 다우또부스
벌금	multa 물따
보행자 전용	riservato ai pedoni 리세르바또 아이 뻬도니
요금	tariffa 따립파
위험	pericolo 뻬리꼴로
자동차전용도로	autostrada 아우또스뜨라다
주차장	parcheggio 빠르껫지오

176-177

전차 tram 뜨람
지하도 sottopassaggio 솟또빳삿지오
진입금지 vietato l'ingresso 비엣따또 린그렛소
지하철 metropolitana 메뜨로뽈리따나
자동차로 가다 andare in macchina 안다레 인 막끼나
걸어서 가다 andare a piedi 안다레 아 삐에디

<수퍼 마켓에서 파는 물건들>

겨자 senape 세나뻬
냉동식품 surgelati 수르젤라띠
오랜지 잼 marmellata d'arancia 마르멜라따 다란치아
설탕 zucchero 죽께로
식초 aceto 아체또
차 tè 떼
초콜렛 cioccolata 쵸콜랏따
커피 caffè 깝페
양념 spezie 스뻬찌에

딸기 fragola 프라골라
땅콩 arachide 아라끼데
레몬 limone 리모네
무화과 fico 피꼬
바나나 banana 바나나

배 pera 뻬라
버찌 ciliegia 칠리에지아
복숭아 pesca 뻬스까
사과 mela 멜라
살구 albicocca 알비꼭까
아몬드 mandoria 만도리아
오렌지 arancia 아란치아
자두 susina 수시나
포도 uva 우바
호두 noce 노체
수박 cocomero 꼬꼬메로
멜론 melone 멜로네

감자 patata 빠따따
당근 carota 까로따
마늘 aglio 알리오
호박 zucca 죽까
무우 rapa 라빠
버섯 fungo 풍고
상치 lattuga 랏뚜가
샐러드 insalata 인살라따
샐러리 sedano 세다노
시금치 spinaci 스피나치
양배추 cavolo 까볼로
양파 cipolla 치뽈라
오이 cetriolo 체뜨리올로

178-179

완두콩	piselli 삐셀리
콩	fagiolo 파지올로
토마토	pomodoro 뽀모도로
가지	melanzana 멜란자나
달걀	uovo 우오보
버터	burro 부로
요구르트	yogurt 요구르뜨
치즈	formaggio 포르맛지오
햄	prosciutto 쁘로쉬웃또
거위	oca 오까
고기	carne 까르네
닭	pollo 뽈로
돼지	maiale 마이알레
산토끼	lepre 레쁘레
새끼양	agnello 아녤로
스테이크	bistecca 비스떽까
송아지	vitello 비뗄로
쇠고기	manzo 만조
양고기	montone 몬또네
칠면조	tacchino 딱끼노
토끼	coniglio 꼬닐리오
흰 빵	pane bianco 빠네 비앙꼬
검은 빵	pane nero 빠네 네로

밀가루	farina 파리나
밀가루 음식	pasta 빠스따
쌀	riso 리소
빵가게	paneteria 빠네떼리아
가재	aragosta 아라고스따
굴	ostrica 오스뜨리까
넙치	rombo 롬보
대구	merluzzo 메를룻쪼
멸치	acciuga 앗치우가
송어	trota 뜨로따
연어	salmone 살모네
오징어	seppia 셉삐아
청어	aringa 아링가
정어리	sardina 살르디나
새우	gambero 감베로
잔돈	spiccioli 스삣치올리
검사원	controllore 꼰뜨롤로레
교통경찰	vigile urbano 비질레 우르바노
다음 정거장	prossima fermata 쁘롯시마 페르마따
매표소	biglietteria 빌리엣떼리아
버스정거장	fermata dell'autobus 페르마따 델라우또부스
승차권(표)	biglietto 빌리엣또

철도역	stazione ferroviaria 스따찌오네 페로비아리아
정기승차권	abbonamento 압보나멘또
택시정거장	fermata di tassi 페르마따 디 딱시

<숙박에 필요한 용어>

객실 여종업원	cameriera 까메리에라
에어컨	aria condizionata 아리아 꼰디찌오나따
누비이불	trapunta 뜨라뿐따
담요	coperta 꼬뻬르따
전등	lampada 람빠다
욕실	bagno 바뇨
욕조	vasca da bagno 바스까 다 바뇨
비누	sapone 사뽀네
수건	asciugamano 아쉬우가마노
수도물	acqua corrente 악꽈 꼬렌떼
어린이 침대	culla(lettino) 꿀라(렛띠노)
짐꾼	facchino 팍끼노
호텔 관리인	direttore d'albergo 디렛또레 달베르고
홑이불	lenzuolo 렌쭈올로
화장지	carta igienica 까르따 이지에니까
화장실	bagno 바뇨

<도시의 풍물>

건물　edificio 에디피치오
경찰관　poliziotto 뽈리지옷또
경찰서　posto di polizia 뽀스또 디 뽈리찌아
공원　parco 빠르꼬
광장　piazza 삐앗짜
區域　quartiere 꾸아르띠에레
궁전　palazzo 빨랏쪼
교차로　incrocio 인끄로치오
露店　chiosco 끼오스꼬
다리　ponte 뽄떼
대사관　ambasciata 암바쉬아따
대성당　cattedrale 깟떼드랄레
대학교　università 우니베르시따
도시에서　in città 인 칫따
마천루　grattacielo 그랏따치엘로
모퉁이　angolo 앙골로
미술관　pinacoteca 삐나꼬떼까
박물관　museo 무세오
백화점　grandi magazzini 그란디 마갓찌니
병원　ospedale 오스뻬달레
보행자　pedone 뻬도네
상점　negozio 네고찌오
수도원　convento 꼰벤또
시청　municipio 무니치삐오

182-183

聖地	santuario 산뚜아리오
우체국	posta 뽀스따
遺蹟	monumento 모누멘또
한국 영사관	consolato di Corea 꼰솔라또 디 꼬레아
한국 대사관	ambasciata di Corea 암바쉬아따 디 꼬레아
人道	marciapiede 마르치아삐에데
전철	metropolitana 메뜨로뽈리따나
종탑	campanile 깜빠닐레
지하도	sottopassaggio 솟또빳삿지오
학교	scuola 스꾸올라
초등학교	scuola elementare 스꾸올라 엘레멘따레
중학교	scuola media 스꾸올라 메디아
고등학교	liceo 리체오
유치원	scuola materna 스꾸올라 마떼르나

<도로표지>

감속	rallentare 랄렌따레
금지	vietato 비에따또
횡단금지	vietato attraversare 비에따또 앗뜨라베르사레
도로공사중	lavori in cirso 라보리 인 치르소
버스노선	linea d'autobus 리네아 다우또부스
버스정거장	fermata d'autobus 페르마따 다우또부스

오른쪽으로	a destra 아 데스뜨라
왼쪽으로	a sinistra 아 시니스뜨라
수퍼마켓	supermercato 수뻬르메르까또
시장	mercato 메르까또
신호등	semaforo 세마포로
빨간신호등	semaforo rosso 세마포로 롯소
푸른신호등	semaforo verde 세마포로 베르데
좌회전 금지	divieto di svolta a sinistra 디비에또 디 스볼따 아 시니스뜨라
일방통행	senso unico 센소 우니꼬
전차	tram 뜨람
전차정거장	fermata di tram 페르마따 디 뜨람
종점	ultima fermata 울띠마 페르마따
철도 건널목	passaggio a livello 빳삿지오 아 리벨로
추월금지	divieto di sorpasso 디비에또 디 소르빳소
커브길	curva 꾸르바
화장실	bagno(혹은 toiletta) 바뇨(혹은 또일렛따)

<가게>

가구점	mobiliere 모빌리에레
고물상	antiquario 안띠꾸아리오
담배가게	tabaccheria 따박께리아
문방구	cartoleria 까르똘레리아
보석상	gioielleria 죠이엘레리아

빵가게	paneteria 빠네떼리아
서점	libreria 리브레리아
시계점	orologiaio 오롤로지아이오
식료품점	drogheria 드로게리아
신발가게	calzature 깔자뚜레
안경점	ottico 옷띠꼬
약국	farmacia 파르마치아
우유가게	latteria 랏떼리아
잡화상	merceria 메르체리아
정육점	macelleria 마첼레리아
포목상	tessuti 뗏수띠

<자동차>

가속패달	pedale dell'acceleratore 빼달레 델락첼레라또레
연료탱크	serbatoio 세르바또이오
휘발유	benzia 벤지나
牽引車	rimorchiatore 리모르끼아또레
디젤	gasolio 가솔리오
경적	calaxson 클락손
계기판	cruscotto 끄루스꼿또
고장	fuori servizio 푸오리 세르비찌오
기어변속	ingranare 인그라나레
깜박이燈	faro abbagliante 파로 압발리안떼

냉각수	raffreddamento ad acqua 랍프렛다멘또 아드 악꽈
방향지시등	freccia 프렛치아
에어필터	filtro dell'aria 필뜨로 델라리아
오일필터	filtro dell'olio 필뜨로 델올리오

<식당>

아침 식사	prima colazione 쁘리마 꼴라찌오네
점심 식사	seconda colazione 세꼰다 꼴라찌오네
저녁 식사	cena 체나
가벼운 식사	spuntino 스뿐띠노

피자가게	pizzeria 삣쩨리아
대중음식점	trattoria 뜨랏또리아
예약된 자리	posto prenotato 뽀스또 쁘레노따또
빈 자리	posto libero 뽀스또 리베로
서서먹는 식당	tavola calda 따볼라 깔다
적포도주	vino rosso 비노 롯소
백포도주	vino bianco 비노 비앙꼬
로제 와인	vino rosato 비노 로사또
발포성 와인	vino spumante 비노 스뿌만떼
弱 발포성	vino frizzante 비노 프리짠떼
냅킨	tovagliolo 또발리올로
디져트	dessert 데세르뜨

메뉴	lista 리스따
물주전자	brocca 브록까
숟가락	cucchiaio 꾹끼아이오
나이프	coltello 꼴뗄로
포오크	forchetta 포르껫따
스푼 포크등 (식기일체)	posate 뽀사떼
종업원	cameriere 까메리에레
식탁보	tovaglia 또발리아
스프용 접시	scodella 스꼬델라
양념그릇	oliera 올리에라
요리사	cuoco 꾸오꼬
유리병	bottiglia 보띨리아
유리잔(물, 맥주용)	bicchiere 빅끼에레
재털이	posacenere 뽀사체네레
쟁반	vassoio 밧소이오
접시	piatto 삐앗또

감자요리	patate 빠따떼
감자스프	minestra di patate 미네스뜨라 디 빠따데
과일주스	succo di frutta 숙꼬 디 프룻따
굴	ostrica 오스뜨리까
마요네즈	maionese 마이오네제
바다가재	aragosta 아라고스따
소세지	salame 살라메

오믈렛	frittata 프릿따따
캐비어	caviale 까비알레
홍합	cozze 꼿쩨
꿩	fagiano 파지아노
구운 돼지요리	arrosto di maiale 아로스또 디 마이알레
비프스테이크	bistecca 비스떽까
삶은 닭	pollo lesso 뽈로 렛소
석쇠로 구운 고기	carne ai ferri 까르네 아이 페리
양고기	braciola 브라치올라
칠면조	tacchino 딱끼노
계산대	cassa 깟사

<쇼핑에 필요한 단어>

高價	prezzo alto 쁘렛쪼 알또
구두	scarpe 스까르뻬
기념품	souvenir 수베니르
냉장고	frigorifero 프리고리페로
라디오	radio 라디오
레코드	dischi 디스끼
바지	pantaloni 빤딸로니
비누	spone 사뽀네
선물	regalo 레갈로

셔츠 camicia 까미치아
손목시계 orologio da polso 오롤로지오 다 뽈소
스커트 gonna 곤나
스포츠 용품 articoli sportivi 아르띠꼴리 스뽀르띠비
양말 calze 깔제
외투 cappotto 깝뽀또
廉價 prezzo basso 쁘렛쪼 밧소
잔돈 spiccioli 스삣치올리
잡지 rivista 리비스따
신문 giornale 죠르날레
장난감 giocattoli 지옥까똘리
장화 stivali 스띠발리
저울 bilancia 빌란치아
책 libro 리브로
텔레비전 televisione 뗄레비시오네
향수 profumo 쁘로푸모

<남성의류>

넥타이 cravatta 크라밧따
멜빵 bretelle 브레뗄레
모자 cappello 깝뻴로
바지 pantaloni 빤딸로니
上衣 giacca 지악까
스카프 sciarpa 쉬아르빠

외투	soprabito 소쁘라비또
	cappotto 깝뽓또
장갑	guanti 구안띠
조끼	gile 질레
허리띠	cintura 친뚜라
속셔츠	maglia 말리아
팬티	mutande 무딴데
손수건	fazzoletto 팟쫄렛또
양말	calze 깔제
잠옷	pigiama 삐지아마

<여자의류>

구두	scarpe 스까르뻬
긴옷	abito lungo 아비또 룽고
모피코트	pelliccia 뻴릿치아
블라우스	camicetta 까미쳇따
쇼울	scialle 쉬알레
스커트	gonna 곤나
야외복	abito da sera 아비또 다 세라
브레지어	reggipetto 렛지뻬또
속치마	camicia da notte 까미치아 다 놋떼
잠옷(가운)	vestaglia 베스딸리아
타이즈	collant 꼴란뜨
팬티	muntandine 무딴디네
하의	sottoveste 솟또베스떼

가죽 pelle/ cuoio 뻴레/ 꾸오이오
구두뒤굽 tacco 딱꼬
신어보다 provare le scarpe 쁘로바레 레 스까르뻬
구두바닥 suola 수올라
구두솔 spazzola da scarpe 스빳쫄라 다 스까르뻬
구두약 lucido da scarpe 루치도 다 스까르뻬
끈 stringhe 스뜨링게
닦다 lucidare
등산화 scarpe da montagna 스까르뻬 다 몬따냐
샌달 sandalo 산달로
왁스 vernice 베르니체
부츠(장화) stivali 스띠발리

<기차여행에 필요한 어휘>

검표원 controllore 꼰뜨롤로레
객차 carrozza 까롯짜
냉방장치 aria condizionata 아리아 꼰디찌오나따
난방 riscaldamento 리스깔다멘또
기차시간표 orario delle ferrovie 오라리오 델레 페로비에
도착 arrivo 아리보
도착시간 orario d'arrivo 오라리오 다리보
출발 partenza 빠르뗀자
출발시간 orario di partenza 오라리오 디 빠르뗀자
驛長 capostazione 까뽀스따찌오네

예약석	posto prenotato 뽀스또 쁘레노따또
왕복승차권	biglietto di andata e ritorno 빌리엣또 디 안다따 에 리또르노
기관차	locomotiva 로꼬모띠바
침대차	vagone letto 바고네 렛또
급행열차	treno rapido 뜨레노 라삐도
선로횡단금지	vietato attraversare i binari 비에따또 앗뜨라베르사레 이 비나리
연착	ritardo 리따르도
지하도	sottopassaggio 솟또빳삿지오
진입금지	vietato l'ingresso 비에따또 린그렛소
초과금액	supplemento 숩쁠레멘또
금연	vietato fumare 비에따또 푸마레
짐보관증	scontrino per bagagli 스꼰뜨리노 뻬르 바갈리
국내선 특급열차	Inter City 인떼르 시티
국제선 열차	Euro City 에우로 시티
완행 열차	Locale 로깔레
시발역	stazione di partenza 스따찌오네 디 빠르뗀자
종착역	stazione d'arrivo 스따찌오네 다리보
입구	Entrata 엔뜨라따
출구	Uscita 우쉬따
예약	Prenotazione 쁘레노따찌오네

<미용에 관한 어휘>

로숀	lozione 로찌오네
머리염색	tintura per capelli 띤뚜라 뻬르 까뻴리
염색하다	tingere 띤제레
면도기	rasoio 라소이오
비듬	forfora 포르포라
빗질하다	pettinare 뻿띠나레
이발사	barbiere 바르비에레
턱수염	barba 바르바
헤어스타일	pettinatura 뻿띠나뚜라
메니큐어	manicure 마니꾸레
미용사	parrucchiere 빠룩끼에레
솔질하다	spazzolare 스빠쫄라레

<은행에서>

교환	cambio 깜비오
당좌구좌	conto corrente 꼰또 꼬렌떼
면세	esente da tasse 에센떼 다 땃세
배서하다	girare un assegno 지라레 운 앗세뇨
보험	assicurazione 앗시꾸라찌오네
수표	assegno bancario 앗세뇨 방까리오
	vaglia bancario 발리아 방까리오
수표로 받다	incassare un assegno 인깟사레 운 앗세뇨

영수증	ricevuta 리체부따
은행권	banconota 방꼬노따
이자율	tasso d'interesse 땃소 딘떼렛세
잔돈	spiccioli 스삣치올리
현금	contanti 꼰딴띠
신용카드	carta di credito 까르따 디 크레디또
할인	sconto 스꼰또
현금수령	incassare 인깟사레
현금출납소	cassa 깟사

<간단히 먹을 것 / 마실 것>

간이 식당	tavola calda 따볼라 깔다
버터 빵	pane al burro 빠네 알 부로
비스켓	biscotti 비스꼿띠
브리오시(빵)	brioche 브리오쉬
사과 파이	torta di mele 또르따 디 멜레
치즈 샌드위치	panino al formaggio 빠니노 알 포르맛지오
햄 샌드위치	panino al prosciutto 빠니노 알 쁘로쉬웃또
케이크	pasticini 빠스띠치니
핫도그	panino con salsiccia 빠니노 꼰 살싯치아
건포도빵	focaccia 포깟치아
보드카	vodka 보드카
적 포도주	vino rosso 비노 롯소

백 포도주 vino bianco 비노 비앙꼬
브랜디 acquavite 악꽈비떼
광천수 acqua minenale 악꽈 미네랄레
렌몬주스 limonata 리모나따
밀크쉐익 latte frappe 랏떼 프랍뻬
오렌지주스 aranciata 아란치아따
가스가 든 물 acqua gasata 악꽈 가사따

<전화>

공중전화 telefono pubblico 뗄레포노 뿌블리꼬
전화번호 numero di telefono 누메로 디 뗄레포노
무선전화 telefono senza fili 뗄레포노 센자 필리
수화기 ricevitore 리체비또레
전화박스 cabina telefonica 까비나 뗄레포니까
전화번호부 elenco telefonico 엘렌꼬 뗄레포니꼬
시내통화 telefonata urbana 뗄레포나따 우르바나
시외통화 telefonata interurbana 뗄레포나따 인떼루르바나

<우체국에서>

엽서 cartolina 까르똘리나
우체통 cassetta per le lettere 깟셋따 뻬르 레 렛떼레

주소 indirizzo 인디릿쪼

편지봉투 busta 부스따

항공우편 lettera per via aereo 렛떼라 뻬르 비아 아에레오

축전 telegramma d'auguri 뗄레그람마 다우구리

등기우편 lettera raccomandata 렛떼라 락꼬만다따

보통우편 lettera ordinaria 렛떼라 오르디나리아

우체국 ufficio postale 우핏치오 뽀스딸레

수신자 destinatario 데스띠나따리오

우편환 vaglia postale 발리아 뽀스딸레

전신환 vaglia telegrafo 발리아 뗄레그라포

<병원/약국에서>

머리가 아프다 ho mal di testa 오 말 디 떼스따

이가 아프다 ho mal di denti 오 말 디 덴띠

눈이 아프다 ho mal di occhi 오 말 디 옥끼

목구멍이 아프다 ho mal di gola 오 말 디 골라

위가 아프다 ho mal di stomaco 오 말 디 스또마꼬

허리가 아프다 ho mal di schiena 오 말 디 스끼에나

감기 raffreddore 랍프렛도레

안정제 valeriana 발레리아나

바셀린 vaselina 바셀리나
붕대 benda 벤다
살균제 disinfettante 디신펫딴떼
비타민 vitamina 비따미나
지사제 lassativo 랏사띠보
수면제 sonnifero 손니페로
아스피린 aspirina 아스피리나
알코올 alcool 알콜
증류수 acqua distillata 디스띨라따
진정제 calmante 깔만떼
진통제 balsamo 발사모
페니실린 penicillina 뻬니칠리나
피임약 contraccettivo 꼰뜨랏쳇띠보
항생제 antibiotico 안띠비오띠꼬
솜 cotone idrofilo 꼬또네 이드로필로
암모니아 ammoniaca 암모니아까
시럽 sciroppo 쉬롭뽀
연고 pomata 뽀마따
반창고 ansaplasto 안사쁠라스또

<비행기여행에 필요한 어휘>

관제탑 torre di controllo 또레 디 꼰뜨롤로
기장 comandante 꼬만단떼
비행기 aeroplano 아에로쁠라노

승무원(남)	steward 슈트워드
여승무원	hostess 호스테스
활주로	pista 삐스따
공항	aeroporto 아에로뽀르또
국제공항	aeroporto internazionale 아에로뽀르또 인떼르나찌오날레
기내좌석	posti a bordo 뽀스띠 아 보르도
대기실	sala d'attesa 살라 다떼사
도착실	sala degli arrivi 살라 델리 아리비
비상신호	segnale d'allarme 세냘레 달라르메
비자	visto 비스또
비행시간표	orario dei voli 오라리오 데이 볼리
세관	dogana 도가나
세관검사	controllo doganale 꼰뜨롤로 도가날레
수하물	bagaglio 바갈리오
승선	imbarco 임바르꼬
안내실	ufficio informazioni 웃피치오 인포르마찌오니
여권	passaporto 빳사뽀르또
이륙	decollo 데꼴로
조종사	pilota 삘로따
조종실	carlinga 깔를링가
짐꾼	facchino 팍끼노
짐수속	consegna 꼰세냐
착륙	atterraggio 앗떼랏지오
항공기 번호	numero del volo 누메로 델 볼로

항공기 연착 ritardo del volo 리따르도 델 볼로
항공사 compagnia di aereo
꼼빠니아 디 아에레오

어휘

저자 약력

- 한국외국어대학교 이태리어과 졸업
- 동 대학원에서 이태리어 문학 전공
- 문학박사
- 이태리 아넬리 재단 초청으로 토리노(Torino)대학 수학
- 베네치아 대학 초빙교수(1997-1998)
- 현재 한국외국어대학교 이태리어과 교수

주요 저서　기초 이탈리아어
이탈리아어 작문
단테의 생애와 시학
나 홀로 아는 나라 등 다수

Step by Step 이탈리아어 여행회화

발　행　2019년 10월 30일

저　자　한성철

발행인　이재명

발행처　삼지사

등록번호 제406-2011-000021호

주　소　경기도 파주시 산남로 47-10

Tel　031)948-4502, 948-4564

Fax　031)948-4508

책값은 표지 앞면에 있습니다.

잘못된 책은 구입하신 서점에서 교환해 드립니다.